材料ならべて
# こんがり
# 焼くだけ
レシピ

堤 人美

主婦の友社

# Contents

04　　はじめに

07　**Part 1**

メイン食材は2品以内！
**シンプル
こんがり**

[野菜×野菜]
- 08　なすとトマトのチーズ焼き
- 10　オーブンポテト まいたけ添え
- 11　かぶのマスタードパン粉焼き
- 12　長いもとにんにくのロースト ローズマリー風味
- 13　まるごと玉ねぎのロースト おかかクリームのせ
- 14　ズッキーニのレモンバター焼き
- 15　マッシュルームの香り焼き
- 16　ねぎとエリンギのジェノバマヨ焼き
- 17　アボカドのはちみつヨーグルト焼き
- 17　焼きいものブルーチーズのせ
- 18　れんこんとわけぎのホワイトソース焼き こんがりみそ風味
- 19　カリフラワーのクミンチーズ焼き

[肉×野菜]
- 20　塩豚とにんにくのロースト
- 22　タンドリーチキン ピーマン添え
- 23　ねぎの豚バラ巻き焼き
- 24　かぼちゃと牛カルビのコチュジャンマリネ
- 25　鶏肉のプチ塩釜焼き
- 26　パプリカの肉詰めボート焼き
- 27　チキンライム アフリカ風

[魚介×野菜]
- 28　いわしとトマトのハーブ焼き
- 30　たこと長いもの辛みパン粉焼き
- 31　サーモンと玉ねぎのクリーム焼き ディル風味
- 32　めかじきとミニトマトのハニーマスタードグリル
- 33　ほたてとピクルスのタルタル焼き
- 34　いかのブロッコリー詰め焼き
- 35　さばとたけのこのジェノバソース焼き

[組み合わせバリエ]
- 36　ソーセージとレンズ豆のトマトソース焼き
- 38　アスパラと卵のマヨネーズ焼き
- 39　手羽中のはちみつマリネとオレンジの重ね焼き
- 40　豚肉のいちじくロール焼き
- 41　殻ごとえびのくるみバター焼き
- 42　オニオングラタンスープ
- 43　マッシュポテトのクランブル とろとろエッグのせ

44　**Column 1**　パパッとらくちん！ こんがりおつまみ
プルーンの生ハム巻き焼き／オイルサーディンとししとうのラー油焼き／
ブルーチーズもち

## 45 Part 2 とろ〜り、アツアツ！ こんがりグラタン

- 46 じゃがいもとアンチョビーのグラタン
- 48 なつかしマカロニグラタン
- 50 えびとかぶのトマトクリームグラタン
- 51 カリフラワーのクリームグラタン
- 52 ハムとほうれんそう、卵のリッチクリームグラタン
- 53 マッシュポテトとミートソースの重ね焼き
- 54 ビーフシチュー風グラタン
- 56 ソーセージとほくほく野菜のヨーグルトクリームグラタン
- 58 たらとじゃがいものパセリクリームグラタン
- 59 里いもの酒かすグラタン
- 60 キッシュ風グラタン
- 61 えびドリア
- 62 ひき肉とひよこ豆のさっぱりドリア

64 Column 2 基本のホワイトソース、基本のトマトソースの作り方

## 65 Part 3 おもてなしにぴったり！ ごちそうこんがり

- 66 マロンミートローフ フレッシュトマトソース添え
- 68 手羽元といろいろ野菜のロースト
- 70 ローストポーク
- 71 いわしとエンダイブのオーブン焼き
- 72 カラフル野菜の重ね焼き
- 73 鶏肉とプルーンの赤ワイン焼き
- 74 焼きロールキャベツ
- 76 たいの海藻焼き パプリカのせ
- 78 ムサカ
- 79 フラメンカエッグ
- 80 ラムチョップの粒マスタード焼き ミントソース
- 81 スペアリブのはちみつしょうゆグリル

82 Column 3 こんがりにおすすめ！チーズガイド

## 83 Part 4 フルーツの甘さが絶品！ こんがりスイーツ

- 84 焼きりんごのクランブル
- 86 白桃のマスカルポーネチーズ焼き
- 87 薄焼きアップルパイ
- 88 チェリーのクラフティ
- 90 オレンジのカスタードグラタン
- 91 レンジカスタード
- 92 ベイクドフルーツ
- 93 ブルーベリーのスイートピザ

94 こんがり時間別！INDEX

こんがり

## はじめに

# オーブンに入れたら、あとはほったらかしでおいしい。
# それが「こんがり」料理です。

"オーブン料理"と聞くと、つい「ちょっとめんどうかも」としり込みしがちですが、実はそんなことないんです。だって下準備をしたら、あとはオーブンにおまかせでいいんですから！コンロ調理のように、最初は強火、そのあとは弱火で……なんていう微妙な火かげんの調整も、火のそばにつきっきりでいる必要もなし。しかも焼いている間にほかのことができるので、時間をムダにしません。

この本では、思いついたときにささっと作れる簡単なものから、こんがり料理の定番・あつあつのグラタンレシピ、そして、おもてなしに使えるごちそうおかずやスイーツまで、"こんがり"を味わいつくすレシピをたくさんご用意しました。

じわじわと火を通して焼き上げることで引き出されるうまみや、焦げ目がついたところと、そうでないところの食感の違いを存分に味わって、楽しんでください。

### ＼こんがり料理の特徴とは？／

**素材の持ち味を引き出す**

オーブンでじっくりと加熱することで、均一に火が通り、甘みやうまみを引き出します。特にさつまいもやれんこんなどのかたい根菜類、かたまり肉の調理はおすすめ！

**焦げ目がアクセントに**

焦げ目がついた表面はカリッとした食感になり、焦げ目がついてない部分とは味も異なります。たとえば野菜ひとつでも、かむたびに複雑な味わいを楽しめます。

**大きく焼ける！**

オーブンなら一度でたくさん焼くことができます。肉や野菜と一緒に天板に並べてもいいし、大皿でどんと焼いてもOK。見ばえがいいので、おもてなしにも向きます。

## こんがり調理のコツ

### 1
#### 自分のオーブンの クセを知る

オーブンには個体差があり、温度の上がり方、上火と下火の火力、熱の回り方もさまざま。オーブントースターも同様です。同じレシピで作っても焼き上がりが異なる場合があるので、まずはクセをつかむことが大切です。

### 2
#### オーブンの予熱は しっかり！

オーブンの予熱が足りないと、庫内の温度が下がってしまい、しっかり焼けません。温度が下がりやすい場合は、実際に焼く温度よりも少し高めの温度で予熱しておくのも手。

※予熱はお持ちのオーブンの方法に従ってください。

### 3
#### 野菜は 皮つきのまま焼く

玉ねぎやじゃがいも、れんこんなど皮つきの野菜は皮をむかずに焼くと、皮の中に蒸気がこもって、ふっくらと焼けます。また、皮の部分が香ばしく焼けるので、風味もよくなります。

### 4
#### オイルで コーティング！

具材をオイルでコーティングするのもコツ。野菜から水分が出てベチャッとしたり、肉や魚がパサパサに乾燥するのを防ぎます。カリッとさせたい場合は、パン粉やチーズをプラスします。

### 5
#### 焦げてきたら アルミホイルを

焼き上がり時間になっていないのに、表面が焦げてきた場合はアルミホイルでおおってガードします。きっちりかける必要はなく、ひと回り大きく切って、全体をおおえばだいじょうぶ。

---

### この本では、 オーブンとオーブントースターを 使っています

この本で紹介する料理はオーブンとオーブントースターを使ったものが出てきます。オーブンは庫内の温度が均一になるので、じっくりとムラなく火が通ります。オーブントースターはすでに火が通っているものに焼き目をつけたいときや、すぐに火が通る食材などを焼くのにおすすめです。

焼き目をつけたいときは **オーブントースター**

じっくり焼く&大きなものを 焼く場合は**オーブン**

## 作るときはココを見る！
# この本の使い方

オーブンまたはオーブントースターに入れてからの焼き時間をアイコンにしています。ただし、お持ちの機種によって個体差があるので、目安にしてください。

**180度で 25〜30 min.**
オーブンで焼く場合の温度と焼き時間を表します。予熱時間は含みません。

**トースターで 15〜20 min.**
オーブントースターで焼く場合の焼き時間を表します。予熱時間は含みません。

**トースターでもOK**
基本はオーブンで焼きますが、オーブントースターでも焼ける場合を表します。

材料の下処理や下味の工程です。料理によっては、つけ込むなど前日からの作業が必要なものもあるので、参考にしてください。

# この本の決まりごと

- 材料の分量は基本的に2人分です。ただし、少量で作りにくいものに関しては、2〜3人分、4人分などとしている場合もあります。
- 小さじ1は5ml、大さじ1は15ml、1カップは計量カップの200mlです。
- オーブンの加熱時間は電気オーブンを使用した場合の目安です。機種や材料の個体差によって焼き時間が異なることがありますので、様子を見ながらかげんしてください。
- 焼き網がない場合は揚げ物をのせる網など、お手持ちのものをお使いください。
- 電子レンジの加熱時間は、600Wを使用した場合の目安です。500Wなら1.2倍を目安に、時間を調整してください。また、機種や材料の個体差により加熱時間が多少異なることがありますので様子を見ながらかげんしてください。
- 野菜類は、特に指定のない場合は、「洗う」「皮・薄皮をむく」「へた・種をとる」などの作業をすませてからの手順を説明しています。
- 調味料類は、特に指定がない場合、しょうゆは濃口しょうゆ、小麦粉は薄力粉、砂糖は上白糖を使っています。こしょうは白こしょう、黒こしょうを好みでお使いください。

## Part 1
# メイン食材は2品以内！
# シンプルこんがり

メインに使う材料は、たったの2つまで！
野菜をじっくり焼くだけでもいいし、
肉や魚ならボリューム満点のおかずに。
こんがり焼くことで引き出される
素材のおいしさをシンプルに味わって！

> 滋味を味わう

# 野菜×野菜

## なすとトマトの チーズ焼き

なすはほくほく、トマトはジューシー！
とろりとからむチーズも
最高の組み合わせ。

200度で 20 min.　トースターでもOK

Part 1 シンプルでこんがり

### 材料［2〜3人分］

なす …… 3個
トマト …… 4個
モッツァレラチーズ …… 100g
アンチョビー …… 3枚
A ┌ ミックスハーブ
　　　…… 小さじ1/2
　　塩 …… 小さじ1/3
　　└ こしょう …… 適量
オリーブ油 …… 大さじ2
パン粉 …… 大さじ3

**準備** なすは1cm厚さの斜め切りにして水に5分ほどさらす。トマトは1cm厚さの半月切りにする。オーブンは200度に予熱する。

### How to

**1 材料を並べる**

耐熱容器ににんにく1/2かけ（分量外）の切り口をこすりつけ（ⓐ）、オリーブ油（分量外）を薄く塗る。水けをふいたなす、トマト、チーズを交互に並べ（ⓑ）、アンチョビーをちぎり入れる。

**2 焼く**

1にAを振って、オリーブ油を回しかけ（ⓒ）、パン粉を散らす（ⓓ）。200度のオーブンで20分（またはオーブントースターで15〜20分）ほど焼く。

## オーブンポテト まいたけ添え

180度で 25〜30 min.

オイルをからめて焼いた、フライドポテト風。
カリッカリのまいたけの食感もやみつき！

**材料 [2人分]**

**じゃがいも**
（あればメークイン）
…… 3個 (450g)
A ┌ 塩 …… 小さじ1/2
　├ こしょう …… 適量
　└ オリーブ油 …… 大さじ3

**まいたけ**
…… 2パック (200g)
にんにく …… 1かけ

**準備**

じゃがいもは皮ごと6〜8等分のくし形切りにし、水に5分ほどさらす。まいたけは小房に分ける。にんにくは皮つきのまま横半分に切る。オーブンは180度に予熱する。

### How to

**1** じゃがいもに油をからめる

じゃがいもは水けをきってボウルに入れ、Aを加えてさっくりと合わせる。

**2** 並べて焼く

天板にアルミホイルを敷いてオリーブ油（分量外）を薄く塗り、1とまいたけ、にんにくを並べる。180度のオーブンで25〜30分、じゃがいもに竹ぐしがすっと入るまで焼く。

**Point!!**
じゃがいもにオリーブ油をからめておくと、カリッと焼き上がる。

# かぶの マスタードパン粉焼き

かむほどに、かぶ本来の甘みがじわじわと。
粒マスタード入りのパン粉がアクセントです。

180度で15min. / トースターでもOK

Part 1 シンプルでこんがり

### 材料［2人分］

- **かぶ** …… 4個
- A [ 白ワイン …… 大さじ1
     塩、こしょう …… 各適量 ]
- B [ パン粉 …… 大さじ3
     粉チーズ …… 大さじ2
     粒マスタード …… 小さじ1
     塩 …… 小さじ1/3
     こしょう …… 適量
     オリーブ油 …… 大さじ1 ]

**準備** かぶは茎を2cmほど残して皮ごと4～6等分のくし形切りにする。Bはまぜる。オーブンは180度に予熱する。

### How to

**1 かぶに下味をつける**
かぶはAをからめる。

**2 焼く**
耐熱容器にオリーブ油（分量外）を薄く塗り、1を入れる。Bを全体にかけ、180度のオーブンで15分（またはオーブントースターで15分）ほど焼く。焦げそうになったらアルミホイルをかける。

# 長いもとにんにくのロースト ローズマリー風味

200度で **30** min.

生だとシャキシャキの長いもは、焼くとほっくり！
とろけるようなにんにくと一緒に食べて。

### 材料［2人分］
- **長いも** …… 400g
- A ┃ 塩 …… 小さじ1/2
    ┃ こしょう …… 適量
    ┃ オリーブ油 …… 大さじ1
- **にんにく**（皮つき）…… 4かけ
- ローズマリー …… 2枝

### 準備
長いもは皮ごと縦半分に切って水に5分ほどさらす。オーブンは200度に予熱する。

## How to

**1 長いもに味をつける**

長いもは断面に2cm間隔で切り目を入れ、Aを順にまぶす。

**2 並べて焼く**

天板にアルミホイルを敷いてオリーブ油（分量外）を薄く塗り、1とにんにく、ローズマリーを並べ、200度のオーブンで30分ほど焼く。器に盛り、にんにくをつぶして一緒に食べる。

**Point!!**
長いもに切り目を入れると味がつきやすく、火の通りも早くなる。

# まるごと玉ねぎのロースト おかかクリームのせ

230度で **40** min.

皮つきのまま焼くと、自然と蒸し焼き状態に。
玉ねぎの甘みをしょうゆ味のクリームが
引き立てます。

### 材料 [2人分]
**玉ねぎ** …… 2個
A ┌ クリームチーズ …… 40g
　├ 削り節 …… 1パック (5g)
　└ しょうゆ …… 小さじ1

**準備**
オーブンは230度に予熱する。

**How to**

### 1 玉ねぎを焼く
天板にアルミホイルを敷き、別のアルミホイルで輪を2つ作って台座にする。玉ねぎを皮つきのままのせて230度のオーブンで40分ほど焼く。

### 2 仕上げる
1を器に盛り、皮をむく。まぜ合わせたAをのせる。

**Point!!**
玉ねぎはそのままおくと不安定なのでアルミホイルで台座を作ってのせるとよい。

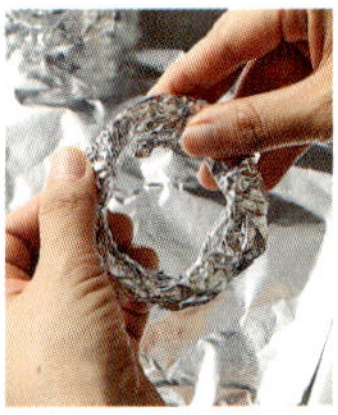

Part 1 シンプルこんがり

# ズッキーニの
# レモンバター焼き

200度で **10** min. + 220度で **10** min.

ケイパーをきかせたレモンバターをのせて。
シンプルなズッキーニがぐんと風味豊かに！

### 材料 [2人分]

- **ズッキーニ** …… 2本
- A
  - バター …… 50g
  - ケイパー（みじん切り） …… 大さじ1
  - レモン汁 …… 小さじ1
  - 塩 …… 小さじ1/4
  - レモンの皮（すりおろす） …… 適量
- レモン（輪切り）…… 4枚

> **準備**　ズッキーニは縦半分に切り、種の部分をスプーンでこそげ、断面に2cm間隔で斜めに切り目を入れる。Aはまぜ合わせる。オーブンは200度に予熱する。

### How to

**1** ズッキーニに
レモンバターを詰める

ズッキーニの、こそげた部分にAを詰める。

**2** 並べて焼く

耐熱容器に **1** を転がらないように並べ、200度のオーブンで10分、220度に上げて10分ほど焼く。器に盛り、レモンを添える。

Part 1 シンプルこんがり

# マッシュルームの香り焼き

トースターで 10 min.

スペインのタパスのような気軽でおいしい1品。
余分な水分がとんで、味も香りもぐっと濃くなります。

### 材料［2人分］

**マッシュルーム**
　…… 1パック（10個）
A ┌ にんにく（すりおろす）
　│　…… 1/2かけ
　│ バター …… 大さじ3（約30g）
　│ レモン汁 …… 小さじ1
　│ 粉チーズ …… 大さじ1
　│ パセリ（みじん切り）
　│　…… 大さじ2
　└ パン粉 …… 適量
B ┌ 塩 …… 小さじ1/4
　└ こしょう …… 適量

### How to

**1　マッシュルームにフィリングを詰める**
耐熱容器にバター（分量外）を薄く塗り、マッシュルームを上下さかさに並べ、Bを振ってAをのせる。

**2　焼く**
オーブントースターで10分ほど焼く。途中、焦げそうになったらアルミホイルをかける。

---

**準備**　マッシュルームは石づきをねじって除く。Aはまぜ合わせる。オーブントースターは軽く予熱する。

## ねぎとエリンギの ジェノバマヨ焼き

トースターで **15** min.

焼いたジェノバソースの香ばしさが
ねぎとエリンギにもしっかりしみ込みます。

### 材料 [2人分]

**ねぎ** …… 2本
**エリンギ** …… 2本
A ┃ ジェノバペースト（市販）
　　　…… 大さじ2
　┃ マヨネーズ …… 大さじ3
オリーブ油 …… 大さじ1
パン粉 …… 適量

**準備**　ねぎは2cm長さ、エリンギは縦半分に切って2cm長さに切る。Aはまぜ合わせる。オーブントースターは軽く予熱する。

### How to

**1** 並べて焼く

耐熱容器にオリーブ油（分量外）を薄く塗り、ねぎとエリンギを並べ、オリーブ油を回しかける。Aをかけてパン粉を散らし、オーブントースターで15分ほど焼く。

## アボカドのはちみつヨーグルト焼き

200度で **15** min.

トースターでもOK

ねっとりとしたアボカドにクリーミーなヨーグルト。とことん濃厚な1品！

材料 [2人分]
- アボカド …… 1個
- 塩 …… 小さじ1/2
- はちみつ …… 大さじ1/2
- A ┌ プレーンヨーグルト …… 1カップ
    └ にんにく（すりおろす）…… 少々
- 粉チーズ …… 小さじ2
- あらびき黒こしょう、ミント …… 各適量

**準備**
Aのヨーグルトはキッチンペーパーをのせたざるに入れ、3時間ほど水きりしてにんにくをまぜる。アボカドは縦に包丁で切り込みを入れてねじり、種をとる。オーブンは200度に予熱する。

### How to

**1 下味をつける**
アボカドは断面に格子状に切り目を入れて塩を振り、はちみつをかける。

**2 焼く**
天板にアルミホイルを敷き、別のアルミホイルで台座を2つ作る（p.13参照）。1をのせてAとチーズを振る。200度のオーブンで15分ほど（またはオーブントースターで20分）焼く。器に盛り、黒こしょうを振ってミントを散らす。

---

## 焼きいものブルーチーズのせ

170度で **60** min. + 250度で **5** min.

Part 1 シンプルこんがり

おいもの甘さに、クセのあるチーズの塩けがよく合います。

材料 [4人分]
- さつまいも …… 2本
- ブルーチーズ …… 60g
- A ┌ 生クリーム …… 大さじ2
    └ はちみつ …… 大さじ1

**準備**
オーブンは170度に予熱する。

### How to

**1 さつまいもを焼く**
さつまいもは皮つきのままアルミホイルに包んで天板にのせ、170度のオーブンで1時間ほど焼く。アルミホイルを広げる。

**2 チーズをのせてさらに焼く**
1を縦半分に切り、断面にチーズを散らす。Aをかけ、250度のオーブンで5分ほど焼く。

# れんこんとわけぎのホワイトソース焼き こんがりみそ風味

200度で **30** min.

一口食べると、みその香ばしさがふわり。
焦げたところとれんこんのさくさく食感も◎。

### 材料 ［2〜3人分］
**れんこん** …… 2節 (400g)
みそ …… 大さじ2
**わけぎ** …… 3本
ホワイトソース (p.64参照)
　　…… 1/4量 (約200g)
パン粉 …… 適量

### 準備
れんこんは皮ごと縦半分に切り、水に5分ほどさらす。わけぎは1cm幅に切る。オーブンは200度に予熱する。

### How to

**1** れんこんをレンジ加熱する

れんこんは水けをきって、耐熱容器に入れる。ふんわりとラップをかけて電子レンジで6分ほど加熱する。断面にみそを塗る。

**2** 並べて焼く

耐熱容器にバター(分量外)を薄く塗って1を並べる。ホワイトソースにわけぎをまぜて、パン粉を散らし、200度のオーブンで30分ほど焼く。途中焦げそうになったらアルミホイルをかける。

# カリフラワーの クミンチーズ焼き

**180度で 15〜20min.**

カリフラワーと豆、異なるほくほく感が絶品。
クミンとすりごまで香りよく仕上げて。

### 材料［2人分］
- **カリフラワー** …… 1/2個（150g）
- **グリーンピース**（冷凍）…… 100g
- A
  - 塩 …… 小さじ1/3
  - こしょう …… 適量
- B
  - クミンシード …… 小さじ1
  - すり白ごま …… 大さじ1
  - にんにく（すりおろす）…… 1/2かけ
  - 粉チーズ …… 大さじ2
- オリーブ油 …… 大さじ2

### How to

**1　カリフラワーとグリーンピースをまぜる**

カリフラワーとグリーンピースはボウルに入れてさっくりとまぜ、Aを振る。

**2　焼く**

耐熱容器にオリーブ油（分量外）を薄く塗って1を入れ、Bを加えてよくまぜる。オリーブ油を回しかけ、180度のオーブンで15〜20分焼く。

---

**準備**　カリフラワーは小房に分ける。Bはまぜ合わせる。オーブンは180度に予熱する。

---

Part 1　シンプルこんがり

うまみを引き出す

# 肉×野菜

## 塩豚とにんにくのロースト

表面はかりっと香ばしく、
中はジューシーでとろとろ。
肉汁がじゅわっとあふれます。

200度で 20 min.

**Part 1** シンプルこんがり

### 材料［作りやすい分量］

**豚バラかたまり肉**
　……500g
塩……小さじ2
あらびき黒こしょう
　（または割りこしょう）
　……大さじ1
**にんにく**……1玉

### How to

**① 塩豚を作る**

豚肉は塩をまんべんなくまぶし、黒こしょうを振ってラップをし、半日ほどおく。

**② 並べて焼く**

天板にアルミホイルを敷いて焼き網をのせてラップをはずした1とにんにくを並べ、200度のオーブンで20分ほど焼く。途中、天板ごと向きを変え、焦げそうならアルミホイルをかける。

**③ 肉汁を落ち着かせる**

2を20分ほど庫内で落ち着かせ、塩豚は1cm厚さに切ってにんにくと器に盛り合わせる。

---

**準備**
にんにくは皮つきのまま横半分に切る。
オーブンは200度に予熱する。

# タンドリーチキン ピーマン添え

**200度で 25 min.**

たれにつけ込んでから焼くから、しっとりやわらか。
スパイシーな味つけはビールがすすむことうけあい！

### 材料［2人分］

- **鶏手羽先** …… 6本
- 塩 …… 小さじ1/2
- **ピーマン** …… 2個
- 赤とうがらし …… 1本
- A
  - プレーンヨーグルト …… 1カップ
  - にんにく（すりおろす）…… 1かけ
  - しょうが（すりおろす）…… 1かけ
  - カレー粉 …… 大さじ1.5
  - ガラムマサラ …… 小さじ1
  - 塩 …… 小さじ1
  - しょうゆ …… 小さじ1
  - パプリカパウダー（あれば）…… 大さじ1

**準備** ピーマンは半分に切る。赤とうがらしは半分に折る。オーブンは200度に予熱する。

## How to

### 1 鶏肉をつけ込む

鶏肉は塩をまぶす。ポリ袋に赤とうがらしとAを入れてまぜ合わせ、鶏肉を入れて袋ごともみ、一晩つけ込む。

### 2 並べて焼く

天板にアルミホイルを敷いて焼き網をのせ、1をたれをぬぐって並べ、200度のオーブンで20分、ピーマンにたれを少しつけて加え、5分ほど焼く。焦げそうならアルミホイルをかける。

### Point!!

もんでからつけ込むと味がよくなじみ、肉もやわらかくなる。

# ねぎの豚バラ巻き焼き

180度で 15 min.

ねぎに肉をぐるぐる巻きつけて焼くだけ！
作って楽しい、食べておいしい簡単こんがり。

**材料 [2人分]**

- **ねぎ**（白い部分）…… 4本
- **豚バラ薄切り肉** …… 16枚（200g）
- ゆずこしょう …… 大さじ1/2
- A ┃ しょうゆ …… 大さじ1
  ┃ みりん …… 小さじ2

### How to

**1 豚肉をねぎに巻く**

豚肉は広げてゆずこしょうを塗り、ねぎをおおうようにらせん状に巻く。Aにくぐらせる。

**2 並べて焼く**

天板にアルミホイルを敷いて焼き網をのせ、1を並べて180度のオーブンで15分ほど焼く。途中一度返す。

**準備** ねぎは7mm間隔で斜めに切り目を入れる。Aはバットに合わせる。オーブンは180度に予熱する。

Part 1 シンプルこんがり

# かぼちゃと牛カルビの コチュジャンマリネ

食べごたえのある牛肉をピリ辛だれでマリネ。
白いごはんが欲しくなるボリュームおかずです。

180度で 15 min.

### 材料 [2人分]

**牛カルビ肉** …… 200g
塩、こしょう …… 各適量
**かぼちゃ** …… 250g
A ┃ コチュジャン …… 大さじ1
　┃ ごま油、みりん
　┃ 　…… 各大さじ1/2
　┃ しょうゆ …… 小さじ2
　┃ にんにく（すりおろす）
　┃ 　…… 1かけ
　┃ しょうが（すりおろす）
　┃ 　…… 1かけ
　┃ あらびき粉とうがらし、
　┃ はちみつ …… 各小さじ1
　┃ すり白ごま …… 大さじ1
あらびき粉とうがらし …… 適量

---

**準備**

かぼちゃは種とわたを除き、1cm厚さのくし形切りにする。オーブンは180度に予熱する。

---

### ① 牛肉をつけ込む

牛肉は塩、こしょうを振る。ポリ袋にAをまぜ合わせて牛肉を入れ、1～3時間つけ込む。

### ② 並べて焼く

天板にアルミホイルを敷き、ごま油（分量外）を薄く塗る。牛肉を並べて、かぼちゃをのせ、180度のオーブンで15分ほど焼く。さっくりと合わせて器に盛り、粉とうがらしを振る。

# 鶏肉の
# プチ塩釜焼き

ハーブのきいた
塩味がしっかり。
食べるときは
塩釜をはずします。

200度で
25〜30
min.

**材料［3〜4人分］**
鶏手羽元 …… 12本
オリーブ油 …… 小さじ2
グリーンアスパラガス
　　 …… 4本
A ┌ 塩 …… 100g
　├ 卵白 …… 小1個分
　├ ローズマリー
　└ 　　 …… 1枝
レモンのくし形切り …… 2個

---
**準備**
鶏肉にオリーブ油を塗り込む。アスパラは根元のかたい部分を折り、下の部分の皮をむいてつぶす。Aのローズマリーは枝から葉をしごき、残りのAとまぜる。オーブンは200度に予熱する。

---

Part 1
シンプルこんがり

## ① 鶏肉に塩釜をのせる
天板にアルミホイルを敷いて、オリーブ油（分量外）を薄く塗り、鶏肉を並べてAを小さじ2ずつのせる。

## ② 焼く
1を200度のオーブンで15分、アスパラを加えて10〜15分焼く。器に盛り、レモンを添える。

**Point!!**
ハーブや卵白と合わせた塩をのせるだけ。塩を大量に使う＆包む手間がないからラク。

# パプリカの肉詰めボート焼き

180度で 20~30 min.

パプリカが肉汁を吸い込んで、とびきりジューシー！
甘くてやわらか、でもうまみはたっぷりです。

### 材料 [2人分]

- **合いびき肉** …… 200g
- **パプリカ**（赤・黄） …… 各1個
- 玉ねぎ …… 1/4個
- A ┃ 塩 …… 小さじ1/2
   ┃ こしょう …… 適量
   ┃ にんにく（みじん切り） …… 1/2かけ
   ┃ ナツメグ（あれば） …… 適量
- オリーブ油 …… 大さじ1
- 粉チーズ …… 大さじ2

### How to

**1 肉だねを作る**

ひき肉、玉ねぎ、Aをボウルに合わせてよくねりまぜる。

**2 パプリカに肉だねを詰めて焼く**

耐熱容器にオリーブ油（分量外）を薄く塗ってパプリカを並べ、1をざっくり詰める。オリーブ油を回しかけてチーズを散らし、180度のオーブンで20〜30分焼く。

---

**準備** パプリカはへたごと4等分に切って種を除く。玉ねぎはみじん切りにする。オーブンは180度に予熱する。

**Point!!**
パプリカはへたの根元に包丁を入れ、種をそぎとるときれいな仕上がりに。

# チキンライム アフリカ風

200度で 15 min.

ライムを使うと、さわやかでさっぱりとした味わいに。
チリパウダーで辛みをきかせるとおいしい！

材料 ［2～3人分］
**鶏もも肉** …… 2枚 (500g)
A ┌ 塩 …… 小さじ1/2
  │ こしょう …… 適量
  │ ライムのしぼり汁
  │   …… 1/2カップ (約2個分)
  │ にんにく (すりおろす)
  │   …… 1かけ
  └ はちみつ …… 大さじ2
**ししとうがらし** …… 6本
チリパウダー …… 適量
ナンプラー …… 大さじ1/2

**準備**
Aはまぜる。ししとうは小口切りにする。オーブンは200度に予熱する。

### How to

**1　鶏肉をつけ込む**
鶏肉は厚みを開いてAをすり込み、2時間ほどつけ込む。

**2　並べて焼く**
天板にアルミホイルを敷き、**1**の皮目を上にして並べ、200度のオーブンで15分ほど焼く。器に盛り、ししとうをのせてチリパウダーを振る。天板に残った焼き汁にナンプラーをまぜてかける。

# 魚介 × 野菜

香ばしさが引き立つ

Part 1 シンプルこんがり

# いわしとトマトのハーブ焼き

200度で 10~15 min. / トースターでもOK

いわしのおなかに、ハーブをたっぷり詰めて焼くだけ。
まるでレストランで出てくるみたいなひと皿。

材料 [2人分]

いわし …… 4尾
塩 …… 小さじ1/2
トマト …… 1個
にんにく（薄切り）
　　 …… 2かけ
松の実 …… 大さじ1
バジル …… 4枚
A [ 塩 …… 小さじ1/3
　　こしょう …… 適量 ]
オリーブ油
　　 …… 小さじ2

準備　いわしは頭と内臓を除き、塩を振って10分おく。トマトは7mm角に切る。オーブンは200度に予熱する。

How to

**1**

### いわしにハーブを詰める

いわしは塩水で洗って水けをふき、おなかににんにく、松の実、ちぎったバジルを詰める。

**2**

### トマトを散らして焼く

耐熱容器ににんにく1/2かけ（分量外）の切り口をこすりつけてオリーブ油（分量外）を薄く塗り、1を入れてAを振ってオリーブ油をかけ、トマトを散らす。200度のオーブンで10〜15分（またはオーブントースターで10分）焼く。焦げそうならアルミホイルをかける。

# たこと長いもの辛みパン粉焼き

一味とうがらしをまぜた変わりパン粉をからめて。
プリプリのたこと、長いものほくほく感が楽しい！

180度で 7〜8 min.  トースターでもOK

材料［2人分］
ゆでだこ …… 200g（2本分）
長いも …… 200g
しょうゆ …… 小さじ1
A ┌ オリーブ油 …… 大さじ1
　│ にんにく（すりおろす）
　│ 　…… 1/2かけ
　│ 一味とうがらし……適量
　└ パン粉……大さじ2

## How to

**1 下味をつける**

たこと水けをきった長いもはボウルに入れてしょうゆをからめ、Aを加えてさっくりとまぜる。

**2 焼く**

耐熱容器にオリーブ油（分量外）を薄く塗って1を入れ、180度のオーブンで7〜8分（またはオーブントースターで10分）焼く。

準備　たこは1.5cm幅に切る。長いもは2cm角に切り、水に5分ほどさらす。オーブンは180度に予熱する。

Part 1 シンプルこんがり

# サーモンと玉ねぎのクリーム焼き ディル風味

トースターで 12〜15 min.

酸味のあるクリームがぴったり。
仕上げのディルとレモンで、
どこか北欧風の味わいです。

材料［2人分］
生鮭 …… 2切れ
A ┌ 塩 …… 小さじ1/3
　└ こしょう …… 適量
玉ねぎ …… 1/4個
B ┌ 生クリーム …… 大さじ3
　├ サワークリーム …… 50g
　└ 塩、こしょう …… 各適量
白ワイン …… 大さじ1
ディル …… 2枝
レモンの皮（せん切り）…… 適宜

準備　鮭は2等分に切り、Aを振る。玉ねぎは薄切りにする。Bはまぜる。オーブントースターは軽く予熱する。

How to

1 鮭と玉ねぎを重ねて焼く

耐熱容器にバター（分量外）を薄く塗り、玉ねぎと鮭を順に重ね入れてワインを振る。Bをかけてオーブントースターで12〜15分焼く。

2 仕上げる

1をとり出してディルをはさみで切りながら散らし、レモンを散らす。

Point!!
サワークリームと生クリームで手軽なソースのでき上がり。あとはかけて焼くだけ！

# めかじきとミニトマトの
# ハニーマスタードグリル

トースターで **6.5** min.

淡泊な味わいの魚に甘じょっぱいソースがマッチ。
香ばしく焼いてから、チーズをのせて焼き上げます。

### 材料［2人分］

- めかじき ...... 2切れ
- A ┌ 塩 ...... 小さじ1/4
  └ こしょう ...... 適量
- ミニトマト ...... 6個
- B ┌ 粒マスタード
  │   ...... 大さじ1
  │ はちみつ ...... 小さじ2
  └ しょうゆ ...... 小さじ1
- スライスチーズ ...... 2枚

### 準備
めかじきはAを振る。ミニトマトは半分に切る。Bはまぜる。オーブントースターは軽く予熱する。

## How to

### 1 並べて焼く
天板にオリーブ油（分量外）を薄く塗り、めかじきを並べてBを塗る。あいたところにミニトマトをのせて、オーブントースターで5分焼く。

### 2 チーズをのせてさらに焼く
1にチーズをのせ、さらに1分30秒ほどチーズがとけるまで焼く。器に盛り、天板に残った焼き汁をかける。

# ほたてとピクルスの タルタル焼き

肉厚のほたてを、酸味のあるタルタルソースで。
高温でさっと焼いてほたてを半生で仕上げます。

 230度で **10** min.  トースターでもOK

### 材料［2人分］

**ほたて貝柱** …… 8個
A ┌ 塩 …… 小さじ1/4
　└ こしょう …… 適量
**きゅうりのピクルス** …… 4本
玉ねぎ …… 1/4個
B ┌ マヨネーズ …… 大さじ4
　│ 酢、牛乳 …… 各大さじ1
　│ 塩 …… 小さじ1/3
　└ こしょう …… 適量
パン粉、バター …… 各適量

**準備** ほたては両面に格子状に細かく切り目を入れ、Aを振る。ピクルスは薄い輪切りにする。玉ねぎはみじん切りにする。オーブンは230度に予熱する。

### How to

**1 タルタルソースを作る**
玉ねぎとBをまぜ合わせる。

**2 並べて焼く**
耐熱容器にバター（分量外）を薄く塗り、1を流してほたてをのせ、ピクルスを散らす。パン粉とバターを散らし、230度のオーブンの上段で10分（またはオーブントースターで7〜8分）ほど焼く。

**Point!!**
ほたてに切り目を入れておくと、火の通りが早く、味も入りやすくなる。

Part 1 シンプルこんがり

# いかのブロッコリー詰め焼き

200度で 20~30 min.

いかにブロッコリーとパン粉をまぜたフィリングを詰めます。
にんにくとチーズがきいているので、お酒との相性も◎。

### 材料［2人分］
**するめいか**
　……　2はい
　（小さいものは4はい）
**ブロッコリー**　……　1/2個（150g）
A ┌ パン粉　……　1/2カップ
　│ オリーブ油　……　大さじ3
　│ にんにく（みじん切り）
　│ 　……　1かけ
　└ 粉チーズ　……　大さじ3
B ┌ 塩　……　小さじ1/2
　│ こしょう　……　適量
　└ オリーブ油　……　小さじ2

### How to

**1　フィリングを作る**

ボウルにいかの足、ブロッコリー、Aを合わせてよくまぜ、いかの胴に詰めてようじでとめる。両面にBをまぶす。

**2　焼く**

天板にアルミホイルを敷き、オリーブ油（分量外）を薄く塗る。1をのせて200度のオーブンで20～30分焼く。食べやすく切って、器に盛る。

**準備**　いかは胴と足を離してわたを除く。足は先を切り落としてこまかく刻む。ブロッコリーはざく切りにする。オーブンは200度に予熱する。

**Point!!**
フィリングがこぼれないよう、ようじでぬうようにとめる。

Part 1 シンプルこんがり

# さばとたけのこのジェノバソース焼き

180度で15min. / トースターでもOK

じわじわととけたさばの脂と
香ばしいジェノバソースが食欲を誘います。
和の食材と洋のソースがみごとに調和。

材料［2人分］

**塩さば** …… 半身
塩、こしょう …… 各適量
**たけのこ**（水煮）…… 小1本（120g）
ジェノバペースト（市販）
　…… 大さじ3〜4
粉チーズ …… 大さじ1/2
パン粉、オリーブ油 …… 各適量

準備　さばは2cm厚さのそぎ切りにして皮に1本切り目を入れ、塩、こしょうを振る。たけのこは7mm厚さの半月切りにする。オーブンは180度に予熱する。

## How to

**1　さばとたけのこを並べる**

耐熱容器ににんにく1/2かけ（分量外）の切り口をこすりつけてオリーブ油（分量外）を薄く塗る。さばとたけのこを交互に並べ入れる。

**2　焼く**

ジェノバペーストとチーズをかけ、パン粉を散らしてオリーブ油をかけ、180度のオーブンで15分（またはオーブントースターで15分）ほど焼く。

豆や卵、フルーツで
# 組み合わせバリエ

Part 1 シンプルこんがり

# ソーセージとレンズ豆の
# トマトソース焼き

下味いらず、しかも10分で完成。
パリッと焼き上がったソーセージと
ぷちぷちレンズ豆のバランスが絶妙！

トースターで **10** min.

材料［2人分］
**ウインナソーセージ**
　……4本
**レンズ豆**（缶）……200g
トマトソース（p.64参照）
　……1/2量（約400g）
エメンタールチーズ
　……30g

準備
オーブントースターは軽く予熱する。

How to

1 **レンズ豆と
　トマトソースをまぜる**
ボウルにレンズ豆とトマトソースを入れて、さっくりとまぜる。

2 **ソーセージをのせて焼く**
耐熱容器にオリーブ油（分量外）を薄く塗り、1を入れてソーセージをのせ、チーズを散らす。オーブントースターで10分ほど焼く。

# アスパラと卵のマヨネーズ焼き

トースターで **10** min

アスパラの甘みをマヨと卵でシンプルにいただきます。
サラダのような、軽やかな味わいです。

### 材料［2人分］

**グリーンアスパラガス**
　　……12本
A ［ 塩……小さじ1/3
　　こしょう、オリーブ油……各適量 ］
**卵**……1個
マヨネーズ、パルミジャーノチーズ、
あらびき黒こしょう……各適量

**準備** アスパラは根元のかたい部分を折り、下の部分の皮をむいてつぶす。オーブントースターは軽く予熱する。

## How to

### 1 並べて焼く

アスパラはAでさっとあえ、耐熱容器に並べる。卵を割り入れてマヨネーズで線描きをし、オーブントースターで10分ほど、卵の白身が白くなるまで焼く。

### 2 仕上げる

1をとり出してチーズをピーラーで薄くそぎながら散らし、黒こしょうを振る。

Part 1 シンプルこんがり

# 手羽中の
# はちみつマリネと
# オレンジの重ね焼き

甘辛だれにつけ込んだ手羽中を
オレンジがさわやかにまとめます。
ぜひ、豪快にかぶりついて。

180度で **20**min ／ トースターでもOK

### 材料 [2人分]
- 鶏手羽中 …… 8本
- 塩、こしょう …… 各適量
- オレンジ …… 1個
- A
  - はちみつ、ナンプラー …… 各大さじ2
  - 酒 …… 大さじ1
  - 赤とうがらし(輪切り) …… 2本
  - にんにく(すりおろす) …… 1/2かけ
  - オリーブ油 …… 小さじ2
- 香菜 …… 適量

**準備** 手羽中は半分に切って塩、こしょうをする。オレンジはまるごと包丁でむき、果肉は小房に分けて薄皮をむく。残った薄皮はしぼって果汁を大さじ2とり、Aとまぜて調味液を作る。オーブンは180度に予熱する。

### How to

**1 手羽中をつけ込む**
手羽中を調味液に30分ほどつけ込む。

**2 重ねて焼く**
耐熱容器にオリーブ油(分量外)を薄く塗り、オレンジの果肉を並べる。1をのせ、180度のオーブンで20分(またはオーブントースターで12〜15分)ほど焼く。香菜をのせる。

# 豚肉のいちじくロール焼き

**180度で20min.** トースターでもOK

こっくりとしたいちじくの甘さが、実は豚肉と好相性！
粒マスタードのほのかな酸味できりっと引き締めます。

### 材料［2〜3人分］
**豚ロース薄切り肉** …… 12枚
A ┌ 塩 …… 小さじ1/2
　 │ こしょう …… 適量
　 └ 粒マスタード …… 大さじ1
**いちじく** …… 3個
にんにく（すりおろす）
　…… 小さじ1
オリーブ油 …… 大さじ1
パン粉 …… 適量

### 準備
Aはまぜ合わせる。いちじくは4等分に切る。オーブンは180度に予熱する。

## How to

**1 豚肉でいちじくを巻く**
豚肉を広げてAを塗り、いちじくをのせて巻く。

**2 並べて焼く**
耐熱容器にオリーブ油（分量外）を薄く塗り、1を並べてにんにくを散らし、オリーブ油を回しかけてパン粉を散らす。180度のオーブンで20分（またはオーブントースターで15分）ほど焼く。

# 殻ごとえびのくるみバター焼き

えびは殻ごと焼くので、パサつかずふっくら。
くるみバターの風味でうまみも香ばしさも段違い！

220度で 5〜7 min.　トースターでもOK

### 材料［3〜4人分］
- **有頭えび** …… 10尾
- **くるみ** …… 40g
- A
  - バター …… 30g
  - パセリ（みじん切り）…… 大さじ2
  - にんにく（すりおろす）…… 1/2かけ
- 塩、こしょう …… 各適量
- レモン …… 適量

**準備** えびは殻ごと背に切り込みを入れて開く。塩とかたくり粉各少々（分量外）でもんで洗い、水けをふく。オーブンは220度に予熱する。

## How to

**1　くるみバターを作る**

くるみはあらみじんに切って、Aとまぜ合わせる。

**2　えびにくるみバターをのせて焼く**

天板にアルミホイルを敷いてオリーブ油（分量外）を薄く塗り、えびをのせて塩、こしょうを振る。開いたえびの背に**1**を等分にのせ、220度のオーブンで5〜7分（またはオーブントースターで7〜8分）焼く。レモンをしぼる。

Part 1　シンプルこんがり

# オニオングラタンスープ

220度で **15** min. / トースターでもOK

時間のかかるオニオングラタンスープを超簡単に！
表面をくずすと、とろとろのバゲットと玉ねぎがお出迎え。

### 材料 [2人分]

- 玉ねぎ …… 大1個
- バゲット …… 2cm厚さ4枚
- にんにく …… 1/2かけ
- バター …… 小さじ2
- A ┌ 湯 …… 2カップ
  │ しょうゆ …… 小さじ1
  │ 顆粒コンソメ
  │   …… 小さじ1弱
  └ 塩 …… 小さじ1/2
- 塩、こしょう …… 各適量
- しょうゆ …… 小さじ1/3
- ピザ用チーズ …… 50g

**準備** 玉ねぎは薄切りにする。にんにくは横半分に切り、切り口をバゲットにこすりつける。Aはまぜ合わせる。オーブンは220度に予熱する。

### How to

**1 玉ねぎをいためる**

フライパンにバターをとかし、玉ねぎを強火でいためる。5分ほど焼きつけ、塩、こしょうを振ってしょうゆを回し入れ、少し焦がす。

**2 焼く**

ココットに1とAを注ぎ入れ、バゲットを沈めるように入れる。チーズを散らし、220度のオーブンで15分（またはオーブントースターで20分）ほど焼く。

# マッシュポテトのクランブル とろとろエッグのせ

230度で **10** min.

なめらかなマッシュポテトに、かりかりのクランブル、ダメ押しのとろとろ半熟卵で、文句なしのおいしさ！

## 材料 [2人分]

- じゃがいも（あればメークイン） …… 3個（450g）
- ゆで卵（半熟） …… 2個
- A
  - 牛乳 …… 1/2カップ
  - バター …… 50g
- B
  - 生クリーム …… 1/4カップ
  - 塩 …… 小さじ1/2
  - こしょう …… 適量

〈クランブル〉
- バター、小麦粉、粉チーズ …… 各30g

**準備** じゃがいもは一口大に切り、水に5分ほどさらして水けをきる。クランブルのバターは1cm角に切り、小麦粉とチーズとともにボウルに入れて冷蔵庫で冷やす。オーブンは230度に予熱する。

## How to

### 1 マッシュポテトを作る

じゃがいもは塩適量（分量外）を加えた水からゆで、沸騰してから10分ゆでる。湯を捨てて再度火にかけ、水分をとばす。つぶしてAを加え、弱火にかけてよくねる。火を止め、Bを加える。

### 2 耐熱容器に入れる

耐熱容器にバター（分量外）を薄く塗り、1を入れてゆで卵をのせる。

### 3 クランブルをのせて焼く

冷やしたクランブルの材料は指ですりまぜながらそぼろ状にする。2に散らして230度のオーブンで10分ほど焼く。ゆで卵を割って食べる。

Part 1 シンプルこんがり

## Column 1 パパッとらくちん！ こんがりおつまみ

ビールやワインなど、お酒のおともにぴったりの1品。
下準備いらずでパパッと作れるかららくちん！
ちょっと気のきいたこんがりおつまみをとりそろえました。

### 独特の甘じょっぱさについお酒がすすみます
### プルーンの生ハム巻き焼き

**材料と作り方 [2人分]**

① 生ハム2〜3枚は2〜3等分に切り、プルーン6個の下半分にそれぞれ巻きつける。

② 1を耐熱容器に入れてオリーブ油適量を回しかけ、オーブントースターで5分ほど焼く。

### ラー油できりっと辛みをきかせて
### オイルサーディンとししとうのラー油焼き

**材料と作り方 [2人分]**

① ししとうがらし4本は竹ぐしで穴をあける。

② 1とオイルサーディン1缶を缶汁ごと耐熱容器に入れ、塩ふたつまみを振る。にんにくのすりおろし少々をかけ、ラー油小さじ1/2を回しかけてオーブントースターで10分焼く。

### はちみつをかけてもおいしい！
### ブルーチーズもち

**材料と作り方 [2人分]**

① 切りもち2個は2cm角に切る。

② 耐熱容器にバター適量を薄く塗って1を入れ、ブルーチーズ30gをのせてあらびき黒こしょう適量を振る。オーブントースターで7〜8分焼く。

Part
2

# とろ〜り、アツアツ！
# こんがりグラタン

人気のこんがり料理といえばグラタン！
できたてのアツアツをほおばれば
とろーりソースとごろごろの具が、
口の中で絶妙なハーモニーを奏でます。
定番から変わり系まで、たっぷりお届け。

# じゃがいもと
# アンチョビーのグラタン

薄くスライスしたじゃがいもの
シンプルなグラタン。
表面のこんがりをくずすと、
中はとろとろほくほく！

200度で **20** min.

Part 2 こんがりグラタン

## 材料 ［2〜3人分］

じゃがいも …… 3個 (450g)
アンチョビー …… 3枚
A ┌ にんにく（すりおろす）
　│ 　　…… 1かけ
　└ 生クリーム …… 1.5カップ
塩、こしょう …… 各適量
グリュイエールチーズ …… 60g
パン粉、バター …… 各適量

### 準備
じゃがいもは薄切りにする。Aはまぜ合わせる。オーブンは200度に予熱する。

## How to

### 1 じゃがいもとアンチョビーを重ねる

耐熱容器にバター（分量外）を薄く塗り、じゃがいもの1/3量を並べる（a）。1段並べたら塩、こしょうをしてアンチョビーの1/2量をちぎり入れる（b）。これをもう一度くり返し、残りのじゃがいもをのせる。

### 2 レンジで加熱する

1にラップをふんわりとかけ（c）、電子レンジで5分加熱する。

### 3 焼く

2をとり出してAをかけ、チーズ、パン粉、バターを散らす（d）。200度のオーブンでこんがりとするまで20分ほど焼く。

こんがりグラタン

# なつかしマカロニグラタン

洋食屋さんで食べるような、王道グラタン。
なめらかなホワイトソースが味の決め手です。

200度で **20**min. / トースターでもOK

Part 2 こんがりグラタン

**材料［2人分］**
- マカロニ …… 50g
- 鶏胸肉 …… 1/2枚（100g）
- 玉ねぎ …… 1/4個
- マッシュルーム …… 4個
- ブロッコリー …… 60g
- ホワイトソース（p.64参照）…… 1/2量（約400g）
- 塩、こしょう …… 各少々
- バター、ピザ用チーズ、パン粉 …… 各適量

**準備** 鶏肉は一口大のそぎ切り、玉ねぎは薄切り、マッシュルームは4等分に切る。ブロッコリーは小房に分けて塩ゆでする。オーブンは200度に予熱する。

## How to

### 1 マカロニをゆでる
マカロニは塩適量（分量外）を加えた熱湯で袋の表示より1〜2分短めにゆでる。ざるに上げ、流水をかけて冷やし、水けをふいてサラダ油（分量外）を薄くまぶす。

### 2 鶏肉と野菜をいためる
フライパンにバター小さじ2をとかし、鶏肉を1分、返して玉ねぎとマッシュルームを加えて1分〜1分30秒いためて塩、こしょうする。1とホワイトソースの半量を加えてさっくりとまぜる。

### 3 焼く
耐熱容器にバター（分量外）を薄く塗り、2を入れる。水けをきったブロッコリーを散らして残りのホワイトソースをかける。チーズ、パン粉、バターを散らし、200度のオーブンでこんがりとするまで20分（またはオーブントースターで10分）ほど焼く。

**Point!!**
マカロニどうしがくっつかないよう、ゆでたらサラダ油をからめておく。

## えびとかぶの
## トマトクリームグラタン

**180度で 15 min.**

ぷりぷりのえびと、甘みを増したかぶ、
甘ずっぱいトマトソースが、ばつぐんのバランス！

**材料 [2人分]**

えび（ブラックタイガー）…… 6尾
かぶ …… 3個
マッシュルーム（白）…… 6個
塩 …… 小さじ1/3
こしょう …… 適量
A ┌ ホワイトソース（p.64参照）…… 1/8量（約100g）
　└ トマトソース（p.64参照）…… 1/4量（約200g）
バター、粉チーズ、パン粉 …… 各適量

**準備**

えびは殻をむいて背開きにし、背わたを除いて塩とかたくり粉各少々（分量外）でもんで水洗いし、水けをふく。かぶは茎を2cmほど残し、皮ごと8等分に切る。マッシュルームは半分に切る。オーブンは180度に予熱する。

### How to

**1 えびと野菜をいためる**

フライパンにバター小さじ2をとかし、えび、かぶ、マッシュルームを2分ほどさっといためて、塩、こしょうを振る。

**2 焼く**

耐熱容器にバター（分量外）を薄く塗り、1を入れる。Aをよくまぜてかけ、チーズ、パン粉、バターを散らして180度のオーブンでこんがりとするまで15分ほど焼く。

# カリフラワーの クリームグラタン

200度で **15** min.

カリフラワーのほろほろ感を楽しむグラタン。
焦げたところの香ばしさも、おいしさをあと押し。

### 材料［2人分］

カリフラワー …… 1個（300g）
ホワイトソース（p.64参照）…… 1/2量（約400g）
A ┌ 卵黄（あれば）…… 1個分
　├ 塩 …… 小さじ1/3
　└ マスタード …… 小さじ1
バター …… 小さじ2
塩、こしょう …… 各適量
チェダーチーズ …… 50g

### 準備
カリフラワーはざく切りにする。
オーブンは200度に予熱する。

### How to

**1 カリフラワーをいためる**
フライパンにバターをとかし、カリフラワーを1分ほどいため、塩、こしょうしてさっといためる。

**2 ソースを作る**
ホワイトソースにAを加えてよくまぜる。

**3 ソースと合わせて焼く**
耐熱容器にバター（分量外）を薄く塗り、1を入れる。2の半量を加えてまぜる。残りの2をかけてチーズを散らし、200度のオーブンでこんがりとするまで15分ほど焼く。

Part 2 こんがりグラタン

# ハムとほうれんそう、卵のリッチクリームグラタン

180度で **20** min.

白ワインとチーズを加えたソースでワンランク上の味わい。
具材にとろりとからむ、濃厚さにうっとり。

## 材料［2人分］

- ブロックハム …… 200g
- ほうれんそう …… 1束
- ゆで卵 …… 2個
- 玉ねぎ …… 1/4個
- 白ワイン（あればシェリー酒）…… 大さじ3
- ホワイトソース（p.64参照）…… 1/2量（約400g）
- グリュイエールチーズ …… 50g
- オリーブ油 …… 小さじ2
- パン粉、バター……各適量

### 準備

ハムは1cm角、玉ねぎは薄切りにする。ゆで卵は半分に切る。ほうれんそうはよく洗い、水けをふかずにラップに包んで電子レンジで2分～2分30秒加熱して水にさらし、水けをしぼって3等分に切る。オーブンは180度に予熱する。

## How to

**1　ハムと野菜をいためる**

フライパンにオリーブ油を熱し、玉ねぎとハムをさっといため、ほうれんそうも加えていためる。

**2　ソースを作る**

なべに白ワインを煮立たせ、半量程度になったらホワイトソースを加えてなめらかにまぜる。チーズも加えてとかす。

**3　焼く**

耐熱容器にバター（分量外）を薄く塗り、1とゆで卵を入れる。2をかけてパン粉とバターを散らし、180度のオーブンでこんがりとするまで20分ほど焼く。

Part 2 こんがりグラタン

# マッシュポテトと
# ミートソースの重ね焼き

200度で 15 min.

ねっとりマッシュポテトとジューシーなミートソースの組み合わせ。
ぱりっと焼けた表面の香ばしさもたまりません。

**材料［2人分］**
じゃがいも …… 小3個（400g）
A ┌ 塩 …… 小さじ1/3
　├ こしょう …… 適量
　├ 牛乳 …… 2〜2.5カップ
　└ バター …… 大さじ3
合いびき肉 …… 200g
しいたけ …… 4個
にんにく（みじん切り）…… 1/2かけ
B ┌ 塩、こしょう …… 各適量
　├ トマトケチャップ …… 大さじ2
　└ ウスターソース …… 小さじ1
オリーブ油 …… 小さじ2
ピザ用チーズ …… 60g

**準備**
じゃがいもは皮ごと洗い、キッチンペーパーに包んでラップをし、電子レンジで竹ぐしがすっと通るまで7〜8分加熱する。しいたけはみじん切りにする。オーブンは200度に予熱する。

**How to**

**1 マッシュポテトを作る**
じゃがいもはあら熱がとれたら皮をむいてつぶし、あたたかいうちにAを加えてなめらかにまぜる。

**2 ミートソースを作る**
フライパンにオリーブ油を熱し、しいたけとにんにくを1分30秒ほどいため、しんなりとしたらひき肉を加えて2分ほどいためる。Bを加えてまぜる。

**3 焼く**
耐熱容器にバター（分量外）を薄く塗り、2を入れて1を広げる。チーズをかけて200度のオーブンでこんがりとするまで15分ほど焼く。

54 こんがりグラタン

# ビーフシチュー風グラタン

220度で **15** min. / トースターでもOK

まるでじっくりと煮込んだような、深い味わい。
クリームチーズをからめて食べれば、思わずうなるおいしさ！

## 材料 [2人分]

- 牛薄切り肉 …… 250g
- A [ 塩 …… 小さじ1/3
     こしょう …… 適量 ]
- 玉ねぎ …… 1/2個
- しめじ …… 1パック
- にんにく（薄切り）…… 1かけ
- B [ デミグラスソース（市販）…… 1缶（290g）
     赤ワイン …… 75ml ]
- バター …… 大さじ1
- 生クリーム …… 大さじ3
- クリームチーズ …… 60g
- パン粉 …… 適量

**準備** 牛肉はAで下味をつける。玉ねぎは5mm厚さのくし形切り、しめじは小房に分ける。オーブンは220度に予熱する。

## How to

### 1 野菜と肉をいためる

フライパンにバターをとかし、弱火でにんにくをいためる。香りが立ったら中火にして玉ねぎとしめじを加えてさっといため、牛肉も加えて2分ほどいためる。

### 2 焼く

耐熱容器にバター（分量外）を薄く塗り、1を入れる。Bをよくまぜてかけ、生クリームを回しかける。クリームチーズとパン粉を散らし、220度のオーブンでこんがりとするまで15分（またはオーブントースターで10分）ほど焼く。

Part 2 こんがりグラタン

56　こんがりグラタン

Part 2 こんがりグラタン

# ソーセージとほくほく野菜の
# ヨーグルトクリームグラタン

トースターで **15** min.

ほくっとした食感の野菜をごろごろ入れた秋のグラタン。
ヨーグルトを入れたさっぱりソースが、甘さを引き立てます。

**材料［2人分］**
ウインナソーセージ …… 4本
かぼちゃ …… 正味200g
さつまいも …… 200g
甘ぐり …… 12粒
A ┌ クリームチーズ …… 70g
　│ プレーンヨーグルト、牛乳 …… 各大さじ2
　│ 塩 …… ひとつまみ
　│ ミックスハーブ …… 少々
　└ にんにく（すりおろす）…… 1/2かけ
塩 …… 小さじ1/3
こしょう、粉チーズ、パン粉、バター …… 各適量

**準備** ソーセージは1cm幅、かぼちゃは2cm角に切る。さつまいもは1.5cm厚さのいちょう切りにし、水に5分ほどさらす。Aはまぜ合わせる。オーブントースターは軽く予熱する。

**How to**

**1 具材をレンジ加熱する**
耐熱容器にバター（分量外）を薄く塗り、ソーセージ、かぼちゃ、さつまいも、甘ぐりを入れてラップをふんわりとかけ、電子レンジで4分加熱する。塩、こしょうをしてさっくりとまぜる。

**2 焼く**
Aを1にかけてチーズ、パン粉、バターを散らし、オーブントースターでこんがりとするまで15分ほど焼く。

# たらとじゃがいもの
# パセリクリームグラタン

淡白なたらとじゃがいもは、
黄金の組み合わせ。
パセリ入りのホワイトソースで
見た目も味もさわやかに。

トースターで
**8** min.

## 材料 [2人分]

甘塩たら …… 2切れ
じゃがいも …… 1個
玉ねぎ …… 1/2個
A [ 白ワイン …… 小さじ2
    こしょう …… 適量 ]
ホワイトソース(p.64参照) …… 1/2量(約400g)
パセリ(みじん切り) …… 大さじ6
パン粉、ピザ用チーズ、バター …… 各適量

**準備** たらは4等分に切る。じゃがいもは皮をむいて8等分のくし形に切り、水に5分ほどさらす。玉ねぎは薄切りに。オーブントースターは軽く予熱する。

## How to

### 1 たらと野菜をレンジ加熱する

耐熱容器にバター(分量外)を薄く塗り、たら、じゃがいも、玉ねぎを並べる。Aを振ってラップをふんわりとかけ、電子レンジで5～6分加熱する。汁けが多ければ少し捨てる。

### 2 焼く

ホワイトソースにパセリをまぜ、1にかける。パン粉、チーズ、バターを散らしてオーブントースターでこんがりとするまで8分ほど焼く。

# 里いもの酒かすグラタン

200度で 15 min. / トースターでもOK

酒かすの芳醇な香りとふくよかな甘みが広がる、和のグラタン。
表面はこんがり、中はねっとりの里いもが至福の味わいです。

### 材料 ［2人分］
- 里いも …… 3個
- ブロッコリー …… 1/3個
- しいたけ …… 4個
- 酒かす …… 60g
- 小麦粉 …… 大さじ4
- 豆乳 …… 1カップ
- 白みそ …… 大さじ3
- バター …… 大さじ3
- パン粉 …… 適量

### 準備
酒かすは湯1/2カップに30分ほどひたす。里いもは皮をむいて3等分の輪切りにし、塩（分量外）でもんでぬめりを洗い流す。ブロッコリーは小房に分ける。しいたけは半分に切る。オーブンは200度に予熱する。

## How to

**1 野菜をレンジ加熱する**
耐熱容器にバター（分量外）を薄く塗り、里いも、ブロッコリー、しいたけを入れてラップをふんわりとかけ、電子レンジで5～6分加熱する。

**2 ソースを作る**
酒かすはやわらかくねり、ペースト状にする。なべにバターをとかして小麦粉をいため、酒かすペーストと豆乳を加えて泡立て器でまぜ、とろみがついたら火を止めてみそを加える。

**3 焼く**
1に2をかけてパン粉を散らし、200度のオーブンでこんがりとするまで15分（またはオーブントースターで15分）ほど焼く。

**Point!!**
酒かすは湯でふやかしてからねる。とけない場合はめん棒などでつぶしながらねるとよい。

Part 2 こんがりグラタン

# キッシュ風グラタン

180度で 30~40 min.

和の食材×カレー風味×卵のおいしいトリオ。
具だくさんでおなかにしっかりたまります。

**材料[2人分]**

ねぎ …… 1本
玉ねぎ …… 1/2個
ミックスビーンズ …… 100g
ごぼう …… 50g
芽ひじき …… 10g
A ┌ 塩、こしょう …… 各適量
　 └ カレー粉 …… 大さじ1/2
卵 …… 4個
B ┌ 牛乳、生クリーム …… 各150ml
　 │ 塩 …… 小さじ2/3
　 └ こしょう、ナツメグ(あれば) …… 各適量
オリーブ油 …… 大さじ1
塩 …… 少々
好みのチーズ …… 60g

**準備** ミックスビーンズは熱湯をさっとかける。ごぼうはささがきにして水に5分ほどさらし、水けをふく。芽ひじきは湯でもどし、さっと湯通しする。ねぎと玉ねぎは薄切りにする。オーブンは180度に予熱する。

**How to**

### 1 野菜をいためる

フライパンにオリーブ油を熱し、ねぎと玉ねぎを入れて塩を振り、薄い茶色に色づくまでいためる。ミックスビーンズ、ごぼう、芽ひじきも加えていため、Aで味をととのえる。

### 2 卵液を作る

卵はよくときほぐし、Bとまぜる。

### 3 焼く

耐熱容器にバター(分量外)を薄く塗り、1を広げる。2を流してチーズを散らし、180度のオーブンで30~40分焼く。

# えびドリア

寒い日に恋しくなるのは、アッツアツのドリア。
ソースの下にのぞく、ケチャップライスがなんだかうれしい。

トースターで **10** min.

Part 2 こんがりグラタン

### 材料 [2人分]
むきえび …… 80g
マッシュルーム …… 4個
玉ねぎ …… 1/4個
ごはん …… 300g
トマトケチャップ …… 大さじ6
A ┌ 塩 …… 小さじ1/3
　└ こしょう …… 適量
ホワイトソース(p.64参照) …… 1/4量(約200g)
バター …… 小さじ2
ピザ用チーズ、パン粉 …… 各適量

### 準備
えびは背わたを除き、塩水で洗う。マッシュルームは3等分に切り、玉ねぎはあらみじんに切る。オーブントースターは軽く予熱する。

### How to

**1 えびと野菜をいためる**
フライパンにバターをとかし、水けをふいたえび、マッシュルーム、玉ねぎを1分30秒〜2分いためる。端に寄せてトマトケチャップを加え、しゅわしゅわと泡立つまでいためる。

**2 ごはんを加えてさらにいためる**
1にごはんを加えていため合わせ、Aで味をととのえる。

**3 焼く**
耐熱容器にバター(分量外)を薄く塗り、2を広げてホワイトソースをかける。チーズとパン粉を散らし、オーブントースターでこんがりとするまで10分ほど焼く。

こんがりグラタン

# ひき肉とひよこ豆のさっぱりドリア

> トースターで
> **10** min.

しっかりクリーミーなのに、あと味さっぱり。
ごはんに加えたしょうゆとレモンが味の引き締め役に。

## 材料［2人分］

豚ひき肉 …… 150g
ひよこ豆(缶詰) …… 100g
小松菜 …… 3株
ごはん …… 300g
A ┌ しょうゆ …… 小さじ1
　│ レモンの皮(みじん切り) …… 1/4個
　│ 塩 …… 小さじ1/3
　└ こしょう …… 適量
ホワイトソース(p.64参照) …… 1/4量（約200g）
オリーブ油 …… 小さじ1
ピザ用チーズ、バター …… 各適量

**準備** ひよこ豆は熱湯をさっとかける。小松菜は根元に十文字の切り目を入れてよく洗い、水けをふかずにラップに包んで電子レンジで1分30秒加熱する。すぐに冷水にとり、水けをしぼる。オーブントースターは軽く予熱する。

## How to

### 1 豚肉とひよこ豆をいためる

フライパンにオリーブ油を熱し、豚肉とひよこ豆を1分30秒～2分いためる。ごはんとともにボウルに入れてまぜ、Aを加えてまぜる。

### 2 ソースを作る

小松菜は小口切りにしてホワイトソースとよくまぜ合わせる。

### 3 焼く

耐熱容器にバター（分量外）を薄く塗り、1を広げて2をかける。チーズとバターを散らし、オーブントースターでこんがりとするまで10分ほど焼く。

## Column 2 基本のホワイトソース 基本のトマトソースの作り方

むずかしそうなソース作りも、一度作り方を覚えれば簡単！
冷凍保存もできるので、まとめて作っておくのもおすすめです。
さまざまなこんがり料理に活用しましょう。

### ホワイトソース

**材料[でき上がり約800g]**
- バター …… 大さじ4
- 小麦粉 …… 大さじ6
- 牛乳 …… 3カップ
- 生クリーム …… 1カップ
- 塩 …… 小さじ1
- こしょう、ナツメグ …… 各適量

1. 厚手のなべにバターを弱めの中火でとかし、バターが完全にとけたら小麦粉を加える。
2. 粉っぽさがなくなるまでよくいためる。 
3. 沸騰直前まであたためた牛乳（電子レンジで3分加熱する）を一気に加える。 
4. 中火にし、泡立て器でくるくると勢いよくまぜる。 
5. とろりとしてきて、手ごたえがふっと軽くなったら生クリーム、塩、こしょう、ナツメグを加えて味をととのえる。 

※バットなどに流してラップを密着させ、あら熱をとる。

### トマトソース

**材料[でき上がり約800g]**
- トマト缶（つぶす）…… 2缶（約800g）
- 玉ねぎ（薄切り）…… 1個
- セロリ（薄切り）…… 1本
- にんにく（つぶす）…… 1かけ
- オリーブ油 …… 大さじ1
- 塩、こしょう …… 各適量
- バジル …… 2枝

1. 厚手のなべにオリーブ油を熱し、玉ねぎとセロリ、にんにくをさっといため、塩少々を振る。
2. 1が少ししんなりしたらふたをし、弱火で5分ほど蒸しためにする。 
3. 2にトマトを加え、ふたをして弱めの中火で15分ほど煮込む。ときどきまぜる。 
4. 3に塩小さじ1/2、こしょうを振って味をととのえ、バジルをちぎって加える。 

**保存方法**

ファスナーつき保存袋に入れて平らにして冷凍。使うときは解凍し、ホワイトソースは泡立て器で少しねるとよい。100gや200gごとに小分けにして保存してもOK。保存期間は約3週間。

Part

# 3

## おもてなしにぴったり！
## ごちそうこんがり

おもてなしだってこんがり料理におまかせあれ。
下ごしらえをしてオーブンに入れちゃえば
あとはほったらかしでだいじょうぶ。
天板で豪快に焼くもよし、大皿ならそのまま食卓へ。
見た目も味もひとワザきかせた、とっておき！

## マロンミートローフ フレッシュトマトソース添え

ジューシーなミートローフはごちそうの定番!
焼いてから半日ほどおくと、生地がなじんでしっとり。

210度で
20~25
min.

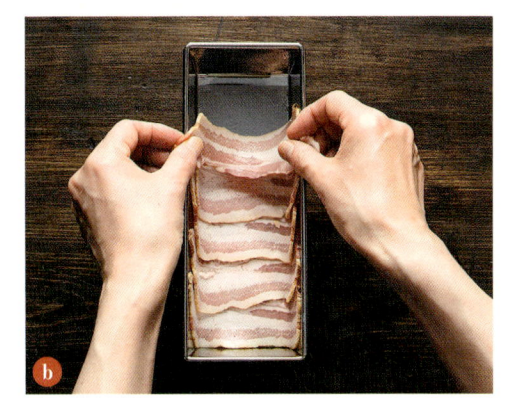

### 材料 [21×7×5cmの型 1 台分]

合いびき肉 …… 400g
玉ねぎ …… 1/2個
A ┌ 卵 …… 1個
　├ パン粉 …… 1/2カップ
　├ 牛乳 …… 大さじ3
　├ 塩 …… 小さじ1弱
　└ こしょう、ナツメグ（あれば）…… 各適量
ベーコン …… 4枚
甘ぐり …… 3粒
うずら卵（水煮）…… 3個
プルーン …… 2個
クレソン …… 適宜

〈フレッシュトマトソース〉　材料と作り方
トマト1個は皮ごとすりおろし、塩小さじ1/4、オリーブ油小さじ1/2、こしょう適量をまぜる。

> 準備　玉ねぎはみじん切りにする。ベーコンは2等分に切る。オーブンは210度に予熱する。

## How to

**1　肉だねを作る**

大きめのボウルにひき肉、玉ねぎ、Aを加えてよくねりまぜる（ⓐ）。

**2　型に詰める**

型にサラダ油（分量外）を薄く塗り、ベーコンを敷き込む（ⓑ）。1の半量を入れて甘ぐり、うずら卵、プルーンを交互に並べ（ⓒ）、残りの1をのせて表面をならす（ⓓ）。型を台にトントンと落とし、空気を抜く。

**3　焼く**

2にアルミホイルをかけ、210度のオーブンで20〜25分焼く。アルミホイルをかけたまま、あら熱がとれるまでおき、型から出して好みの大きさに切り分ける。器に盛り、フレッシュトマトソースとクレソンを添える。

Part 3　ごちそうこんがり

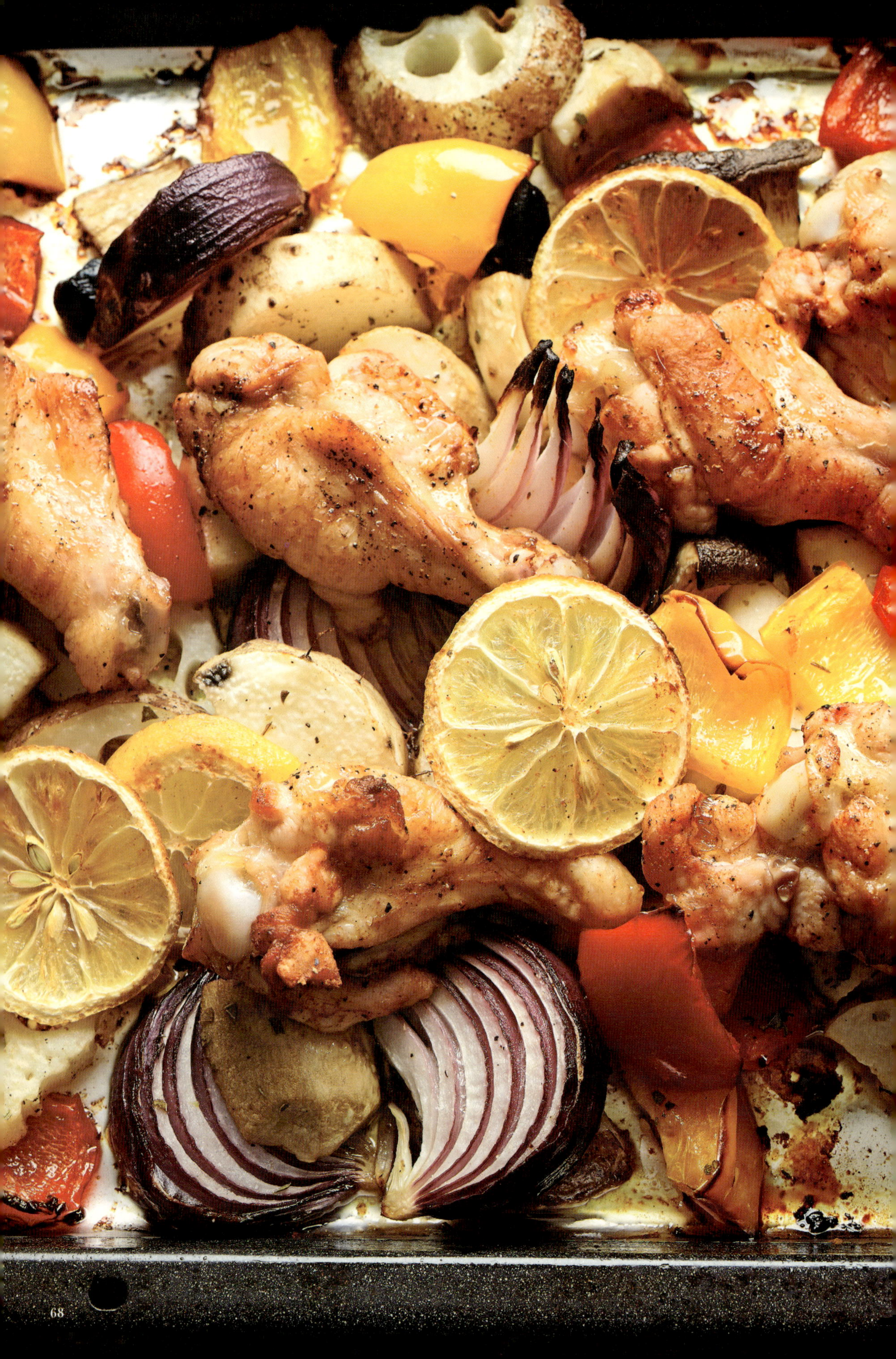

## 手羽元といろいろ野菜のロースト

200度で 20~25 min.

並べて焼くだけで、見ばえのいいごちそうおかずが完成。
シンプルな味つけにハーブをきかせていただきます。

材料［2～3人分］
鶏手羽元 …… 6本
A ┌ 塩 …… 小さじ1/2
　├ こしょう、パプリカパウダー …… 各適量
　└ レモン（輪切り）…… 4枚
れんこん …… 200g
長いも …… 150g
パプリカ（赤・黄）…… 各1/2個
紫玉ねぎ …… 1/2個
エリンギ …… 2本
ブラックオリーブ …… 6個
B ┌ 白ワイン …… 大さじ1
　├ ミックスハーブ …… 小さじ1/2
　├ オリーブ油 …… 大さじ1
　└ 塩、こしょう …… 各適量

準備　手羽元は骨に沿って切り込みを入れて開く。れんこんと長いもは皮ごと1.5cm厚さの半月切りにし、水に5分ほどさらす。パプリカは2cm角、紫玉ねぎは2cm厚さのくし形切り、エリンギは縦半分の3等分に切る。オーブンは200度に予熱する。

### How to

**1　手羽元に下味をなじませる**

手羽元はAで下味をつけて1時間ほどおく。

**2　野菜に味つけする**

水けをきったれんこんと長いも、パプリカ、紫玉ねぎ、エリンギ、オリーブをボウルに入れてBであえる。

**3　焼く**

天板にアルミホイルを敷き、2を広げて1をのせる。200度のオーブンで20～25分焼く。

Part 3　ごちそうこんがり

# ローストポーク

低温で焼いたあとは、庫内で休ませて肉汁を閉じ込めます。
りんごの甘みと香りがうつった、ジューシーな仕上がりが自慢！

130〜140度で 60 min.

## 材料［3〜4人分］

豚肩ロース肉 …… 600g
A ┌ 塩 …… 小さじ2
　├ こしょう …… 適量
　├ 白ワイン …… 大さじ3
　├ にんにく（つぶす）…… 1かけ
　└ ローズマリー …… 2枝
りんご …… 2個
玉ねぎ …… 2個
B ┌ バルサミコ酢 …… 大さじ3
　└ バター …… 大さじ1

### 準備

りんごは皮ごと2cm角に切り、玉ねぎは6等分のくし形に切る。オーブンは130〜140度に予熱する。

## How to

**1 豚肉に下味をつける**

豚肉はAで下味をつけ、1時間〜一晩おいて味をなじませる。

**2 焼く**

天板にアルミホイルを敷き、オリーブ油（分量外）を薄く塗る。1とりんご、玉ねぎをおいて、130〜140度のオーブンで1時間ほど焼き、そのまま庫内で20分ほど休ませる。

**3 ソースを作る**

小なべにBを入れ、2分30秒煮立ててソースを作る。豚肉を切って残りの2と器に盛り合わせ、ソースをかける。

# いわしとエンダイブのオーブン焼き

200度で **20** min.

エンダイブを焼くと、のりのような香ばしさが生まれます。
蒸し焼きにしたいわしの身はふっくらとして、磯の香りがふわり。

**材料［2人分］**
いわし …… 4尾
塩 …… 小さじ1/2
エンダイブ …… 200g
A ┌ オリーブ油 …… 大さじ3
　 └ こしょう …… 適量
レモン …… 適量

**準備**
いわしは頭と内臓を除いてバットに並べ、塩を振って10分おく。エンダイブはちぎる。オーブンは200度に予熱する。

## How to

### 1 材料を並べる
天板にアルミホイルを敷き、オリーブ油少々（分量外）を薄く塗る。水けをふいたいわしを並べ、エンダイブをかぶせるようにのせる。

### 2 焼く
1にAをかけ、200度のオーブンで20分ほど焼く。途中、全体を一度返す。器に盛り、レモンをしぼる。

# カラフル野菜の重ね焼き

野菜本来の甘さを引き出せるのは、オーブンならでは。
色のバランスを見ながら並べるのがポイントです。

**180度で 25 min.**

### 材料 [2〜3人分]
- ズッキーニ …… 1本
- トマト …… 1個
- パプリカ(黄) …… 1個
- 紫キャベツ …… 1/2個
- ベーコン …… 4枚
- ピザ用チーズ …… 60g
- ブラックオリーブ …… 6個
- タイム …… 2枝
- 塩、こしょう …… 各適量
- A ┌ アンチョビー(たたく) …… 2枚
  │ にんにく(みじん切り) …… 1かけ
  └ オリーブ油 …… 大さじ2

**準備** ズッキーニは長さ半分の5mm厚さ、トマトは5mm厚さの輪切り、パプリカは2cm幅、紫キャベツは4等分のくし形、ベーコンは長さを半分に切る。Aはまぜ合わせる。オーブンは180度に予熱する。

## How to

**1 材料を並べる**

耐熱容器にオリーブ油(分量外)を薄く塗り、野菜とベーコンを順に並べ入れて間にチーズをはさむ。

**2 焼く**

オリーブを散らしてタイムをのせ、塩、こしょう、まぜたAを振って180度のオーブンで25分ほど焼く。

# 鶏肉とプルーンの赤ワイン焼き

180度で **30** min.

Part 3 ごちそうこんがり

プルーンを入れると、こっくりとした味わいに。
表面はこんがり、中はジューシーなチキンが主役!

### 材料 [2～3人分]
鶏もも骨つき肉 …… 2本
A ┌ 塩 …… 小さじ2
　 └ こしょう …… 適量
玉ねぎ …… 1/2個
マッシュルーム …… 4個
プルーン …… 6個
B ┌ 赤ワイン …… 1/2カップ
　│ はちみつ …… 大さじ1
　│ しょうゆ …… 小さじ1
　└ にんにく(つぶす) …… 1かけ
バター …… 小さじ1

### 準備
鶏肉は2等分に切る。玉ねぎは薄切り、マッシュルームは半分に切る。オーブンは180度に予熱する。

### How to

**1 鶏肉をつけ込む**
鶏肉はAで下味をつけ、玉ねぎ、マッシュルーム、プルーンとファスナーつき保存袋に入れてBを加え、1時間ほどつけ込む。

**2 焼く**
耐熱容器に1を汁ごと入れ、バターを散らす。180度のオーブンで30分ほど焼く。

**Point!!**
調味液が全体に行き渡るように、なるべく平らな状態でつける。

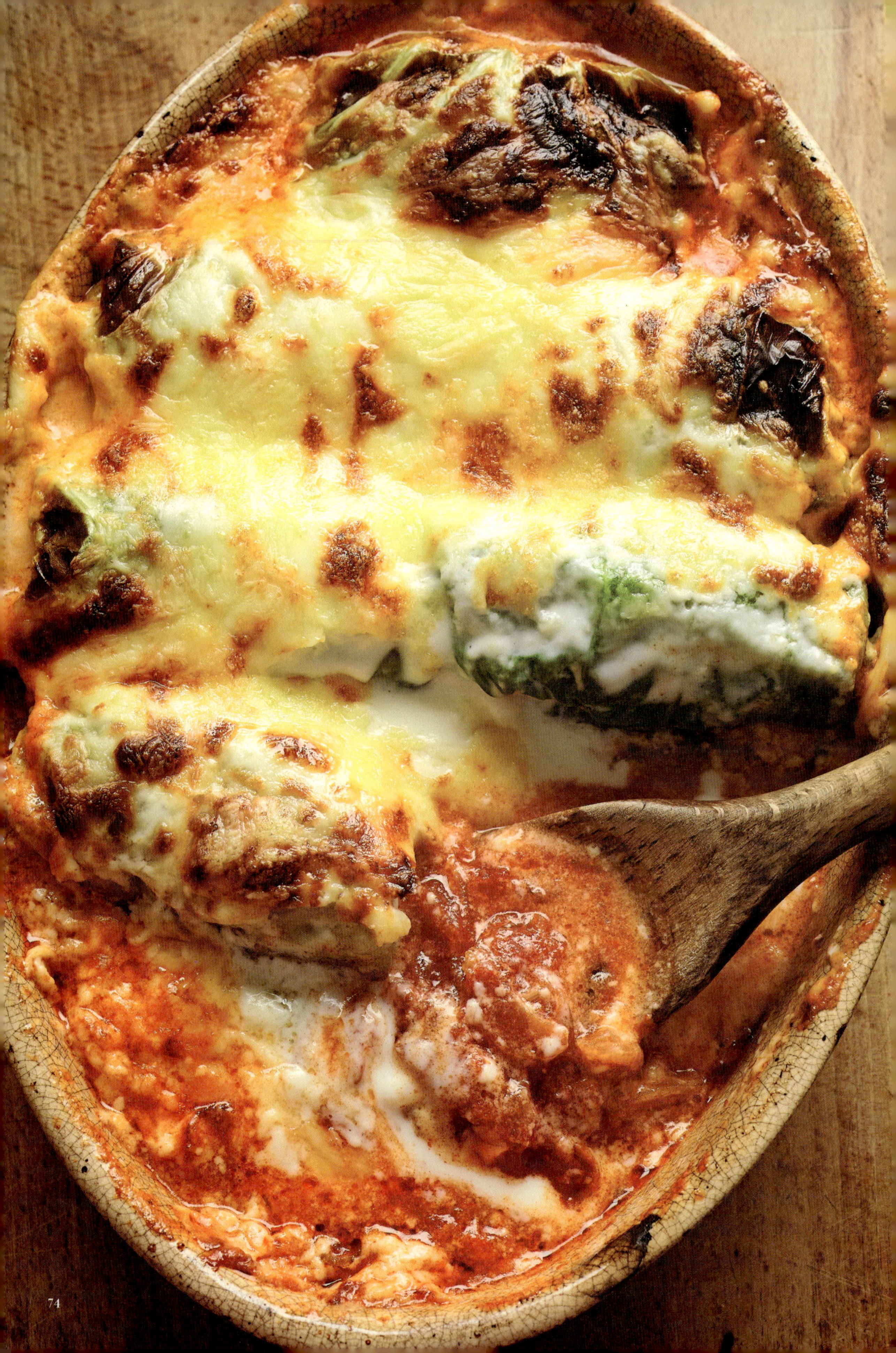

Part 3 ごちそうこんがり

# 焼きロールキャベツ

大好きなロールキャベツをどーんと大皿で焼き上げて。
とろとろとこんがりの、いいとこどりです。

180度で **40** min.

**材料 [4人分]**

キャベツ …… 8枚
合いびき肉 …… 300g
玉ねぎ …… 1/2個
A ┌ パン粉 …… 大さじ3
　│ 牛乳 …… 大さじ2
　│ 塩 …… 小さじ1/3
　└ こしょう、ナツメグ（あれば）…… 各適量
トマトソース（p.64参照）…… 1/2量（約400g）
ホワイトソース（p.64参照）…… 1/4量（約200g）
ピザ用チーズ …… 50g

**準備** キャベツは洗い、水けをふかずに耐熱容器に入れてラップをふんわりとかけ、電子レンジで3分加熱する。あら熱がとれたら芯をそぐ。玉ねぎはみじん切りにする。オーブンは180度に予熱する。

## How to

**1 キャベツで肉だねを巻く**

大きめのボウルにひき肉、玉ねぎ、Aを入れてよくねりまぜ、8等分にする。キャベツの中央に肉だねをのせて芯ものせ、両端を折りたたんでくるくると巻く。巻き終わりをようじでとめる。

**2 焼く**

耐熱容器にバター（分量外）を薄く塗ってトマトソースを敷き、1をのせる。ホワイトソースをかけてチーズを散らし、180度のオーブンで40分ほど焼く。

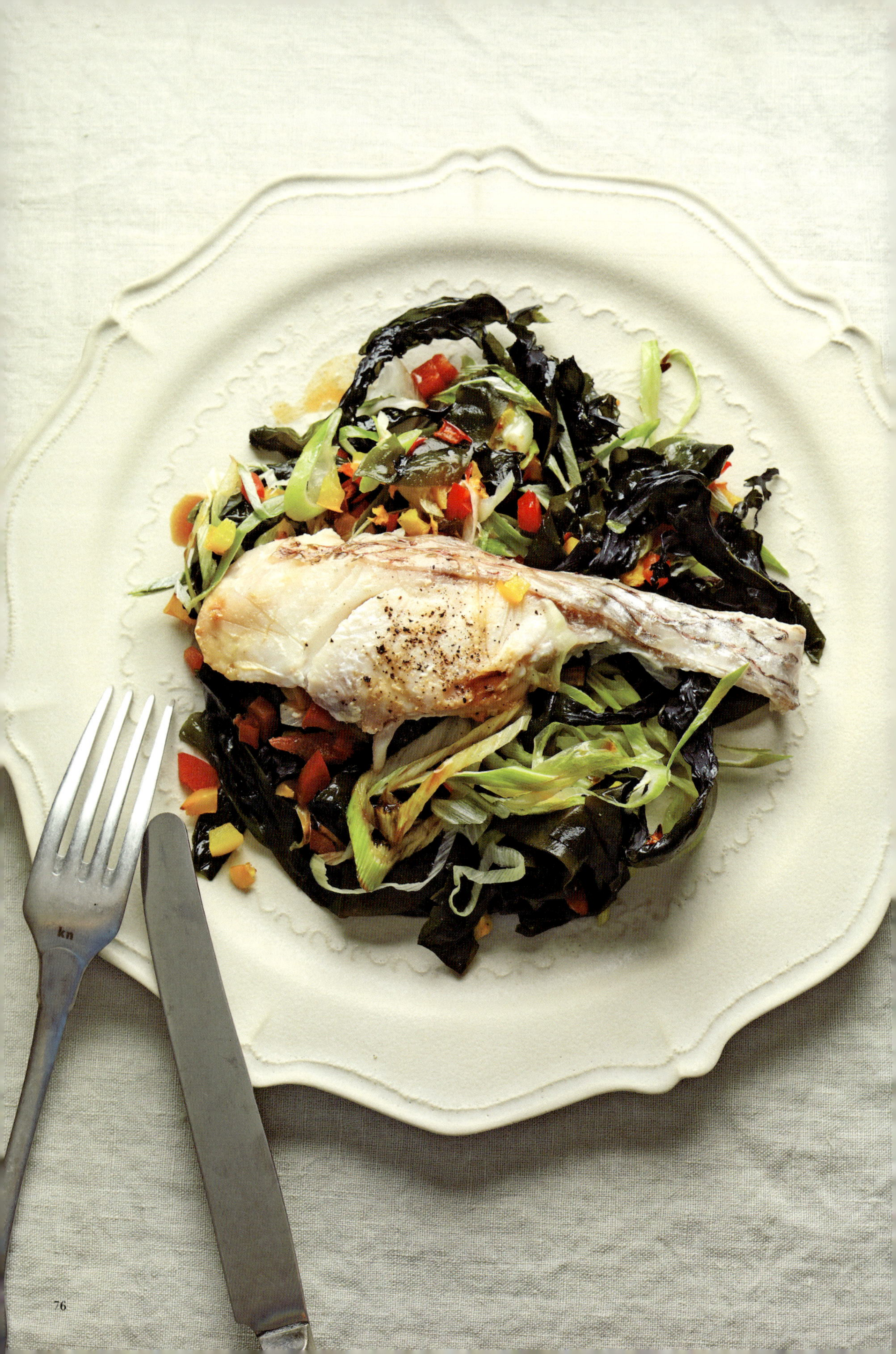

Part 3 ごちそうこんがり

# たいの海藻焼きパプリカのせ

180度で **30** min.

わかめで包んで、風味とうまみをじっくり含ませます。
蒸し焼きにするだけで香り豊かなごちそうに！

## 材料 [4人分]

たい …… 4切れ
塩 …… 小さじ1
わかめ（塩蔵）…… 200g（もどして400g）
パプリカ（赤・黄）…… 各1/2個
ねぎ …… 1本
白ワイン …… 大さじ1
しょうゆ …… 小さじ2
バター …… 大さじ2
ポン酢しょうゆ …… 適量

**準備** たいはバットに並べて塩を振り、10分おいて水けをふく。わかめは塩を洗い流してもどし、熱湯をさっとかけてざく切りにする。パプリカはあらみじんに切り、ねぎは斜め薄切りにする。オーブンは180度に予熱する。

## How to

**1 わかめでたいを包む**

天板にクッキングシートを敷いてバターの半量を塗り、わかめを広げる。たいとねぎをのせて包み、パプリカを散らす。

**2 焼く**

1に白ワインとしょうゆを振って残りのバターをのせ、180度で30分ほど焼く。器に盛り、好みであらびき黒こしょうを振る。天板に焼き汁が残っていればとり出し、ポン酢しょうゆと合わせてかける。

# ムサカ

相性のいいひき肉となすを重ねて焼く、地中海料理。
ヨーグルトのソースでさっぱりと食べられます。

220度で **25** min.

### 材料 ［3～4人分］

- 合いびき肉 …… 200g
- なす …… 4個
- A
  - セロリ …… 1/4本
  - 玉ねぎ …… 1/2個
  - トマトペースト …… 大さじ2
  - にんにく（みじん切り）…… 1かけ
- 卵 …… 1個
- B
  - プレーンヨーグルト …… 1カップ
  - 塩 …… 小さじ1/3
- オリーブ油 …… 大さじ2
- パプリカパウダー（あれば）…… 適量
- 塩 …… 大さじ1/2
- こしょう …… 適量

**準備** なすは皮を縞目にむいて乱切りにし、水に5分ほどさらす。セロリ、玉ねぎはみじん切りにする。オーブンは220度に予熱する。

### How to

**1 ひき肉と野菜をいためる**

フライパンにオリーブ油を熱し、Aを弱火でじっくりいためる。香りが立ったら中火にしてひき肉を加え、塩、こしょうをして水けをふいたなすとパプリカパウダーを加え、3分ほどいためる。水1/2カップを加えて煮立たせる。

**2 ソースを作る**

卵はときほぐしてBを加え、よくまぜる。

**3 焼く**

耐熱容器にオリーブ油（分量外）を薄く塗り、1を入れて2をかけ、220度のオーブンで25分ほどこんがりするまで焼く。

Part 3 ごちそうこんがり

# フラメンカエッグ

トースターで **10** min.

フラメンコダンサーの衣装のように、鮮やかな色合い。
卵は加熱しすぎずゆるめに仕上げ、野菜とからめて食べます。

### 材料 [2人分]
パプリカ（赤）…… 2個
玉ねぎ …… 1/2個
グリーンピース（冷凍）…… 100g
生ハム …… 2枚
卵 …… 2個
にんにく（つぶす）…… 1かけ
トマトソース（p.64参照）…… 1/4量（約200g）
オリーブ油 …… 小さじ2
塩 …… 小さじ1/3
こしょう、
　パプリカパウダー（あればスモークタイプ）
　…… 各適量

> 準備　パプリカは5mm幅、玉ねぎは2cm角に切る。オーブントースターは軽く予熱する。

### How to

**1　野菜をいためる**

フライパンにオリーブ油を熱し、にんにくを弱火でいためる。香りが立ったら中火にしてパプリカ、玉ねぎ、グリーンピースを加えて3分ほどいため、塩、こしょうをする。トマトソースを加えてひとまぜし、パプリカパウダーを振る。

**2　卵を落として焼く**

耐熱容器にオリーブ油（分量外）を薄く塗り、1を入れる。卵を割り入れて生ハムをちぎってのせ、オーブントースターで10分ほど焼く。好みで卵をつぶしてバゲットにつけても。

# ラムチョップの粒マスタード焼き ミントソース

200度で 10~15 min.

独特のクセを粉チーズがやわらげ、粒マスタードが引き立て役に。
さわやかなミントソースでごちそう感アップ！

### 材料 [2人分]

- ラムチョップ …… 4本
- A ┌ 塩 …… 小さじ1
    └ こしょう …… 適量
- 粒マスタード …… 大さじ2
- B ┌ パン粉 …… 50g
    │ 粉チーズ …… 40g
    └ にんにく（すりおろす）…… 1/2かけ
- オリーブ油 …… 大さじ1

〈ミントソース〉　**材料と作り方**

ミント、イタリアンパセリ各5gはみじん切り、アンチョビー1枚はたたく。オリーブ油大さじ3、レモン汁小さじ2、にんにくのすりおろし適量とまぜ合わせる。

> **準備**　ラムは室温に30分おき、Aで下味をつける。Bはまぜ合わせる。オーブンは200度に予熱する。

### How to

**1 ラムチョップに粒マスタードを塗る**

ラムチョップは片面に粒マスタードを塗り、Bを両面にまぶす。

**2 並べて焼く**

天板にクッキングシートかアルミホイルを敷いて焼き網をのせ、1を並べる。オリーブ油を回しかけ、200度のオーブンで10〜15分焼く。

**3 仕上げる**

器に2を盛り、ミントソースをかける。

**Point!!**

焼き網にのせて焼くと、余分な脂が落ちてカリッと仕上がる。

# スペアリブの
# はちみつしょうゆグリル

180度で **30** min.

たれにつけ込んで焼くだけで華やかなひと皿に。
照りよく焼けた見た目と甘辛味につい手が伸びます。

## 材料［3〜4人分］

スペアリブ …… 600g
塩、こしょう …… 各適量
A ┌ 玉ねぎ …… 1/2個
　│ しょうゆ、はちみつ、
　│ 　スイートチリソース …… 各大さじ4
　│ オレンジジュース（果汁100%）…… 1/4カップ
　│ 黒酢 … 大さじ1
　└ にんにく（すりおろす）…… 1かけ
香菜 …… 適量

> **準備** Aの玉ねぎはすりおろし、残りのAとまぜ合わせる。オーブンは180度に予熱する。

## How to

**1** スペアリブをつけ込む

スペアリブは熱湯でさっとゆがき、水けをふいて塩、こしょうをする。熱いうちにAに入れ、1時間ほどつけ込む。

**2** 並べて焼く

天板にアルミホイルを敷いて焼き網をのせ、1を並べて180度のオーブンで30分ほど焼く。焦げそうになったらアルミホイルをかける。器に盛り、香菜を添える。

Part 3 ごちそうこんがり

Column 3

## こんがりにおすすめ！
# チーズガイド

こんがり料理に香ばしさととろーり感を出してくれるチーズ。
種類によって風味も味もぐんと変わってくるので、
料理によって使い分ければ、こんがりじょうずに。

### A
#### パルミジャーノ・レッジャーノ
長期間熟成させることで生まれる芳醇な味わい。かたまりをすりおろしたときの風味とコクはピカイチ！　ひき肉料理によく合う。

### B
#### ブルーチーズ（ゴルゴンゾーラ）
青カビを加えて熟成させるチーズで強い香りとクセが独特の存在感を発揮。いも類やドライフルーツなど、甘みのある素材と好相性。

### C
#### エダム（粉末）
オランダ生まれのチーズ。かたまりは赤いワックスでコーティングされている。さらりと軽い風味が特徴で、グラタン向き。

### D
#### グリュイエール
チーズフォンデュでおなじみ。クリーミーでナッツのようなコクがあり、火を通すとうまみが増すので、グラタンにぴったり。

### E
#### エメンタール
穴のあいた形状が特徴。マイルドで淡泊な風味と甘みをもち、ナッツのような香りがある。ほかのチーズと合わせて使っても。

## Part 4
## フルーツの甘さが絶品!
## こんがりスイーツ

さくさく、ふわふわ、とろとろ、かりかり。
楽しい食感と、ふわりと広がる香りは
こんがりおやつならではのお楽しみ！
焼くことで甘さを増したフルーツの
とろけるような舌ざわりも最高です。

# 焼きりんごのクランブル

じっくり焼いたりんごが口の中で甘くとろけます。
ドライフルーツとかりかりのクランブルがいいアクセント!

180度で
**30** min.

Part 4 こんがりスイーツ

## 材料 [4人分]

りんご（紅玉）……4個
A ┌ 小麦粉……30g
　├ アーモンドパウダー……30g
　├ きび砂糖……30g
　└ バター（食塩不使用）……30g
オレンジピール、レーズン、
　ドライクランベリー……各大さじ2
くるみ……大さじ2
はちみつ……大さじ1
生クリーム、シナモンパウダー……各適量

---

**準備** りんごは芯を除いて（a）、竹ぐしを数カ所刺す（b）か縦に切り目を入れる。Aのバターは1cm角に切り、残りのAとともにボウルに入れて冷蔵庫で冷やす。くるみは軽くいってあらく刻む。オーブンは180度に予熱する。

---

## How to

### 1 クランブルを作る

冷やしたAを指ですりまぜながらそぼろ状にする（c）。

### 2 フィリングを作る

オレンジピール、レーズン、ドライクランベリーはあらく刻み、くるみとともにはちみつであえる（d）。

### 3 並べて焼く

耐熱容器にバター（分量外）を薄く塗り、りんごを並べて芯を抜いた部分に2と1を順に詰める（e）。生クリームとシナモンパウダーをかけ（f）、180度のオーブンで30分ほど焼く。

# 白桃の
# マスカルポーネチーズ焼き

(250度で 10 min.)

濃厚な桃の甘さをチーズの酸味がさわやかにまとめます。
どんどんのせて焼くだけで、おしゃれなスイーツのでき上がり。

**材料 [2人分]**

白桃（缶詰・半割り）…… 2切れ
コーンフレーク …… 大さじ4
マスカルポーネチーズ …… 60g
タイム …… 1枝
A [ はちみつ …… 大さじ1
  [ しょうがのしぼり汁 …… 小さじ1

**How to**

① **材料を器に入れる**
耐熱容器にバター（分量外）を薄く塗って白桃を入れ、種をくりぬいた部分にコーンフレークを詰める。チーズとタイムをのせ、Aをかける。

② **焼く**
250度のオーブンで10分ほど焼く。

**準備**
タイムは葉をしごく。オーブンは250度に予熱する。Aはまぜる。

Part 4 こんがりスイーツ

# 薄焼きアップルパイ

200度で 5〜6 min. + 190度で 20〜30 min.

さくさくっとした
歯ざわりが楽しい、薄焼きパイ。
砂糖が焦げて香ばしく
なったところもいい感じ。

#### 材料 ［約18cm四方のパイシート1枚分］

りんご（紅玉）…… 1個
パイシート（市販）…… 1枚（150g）
卵黄 …… 1個分
三温糖 …… 45g
バター（食塩不使用）…… 10g
シナモンパウダー …… 適量

#### 準備

パイシートは5分ほど室温におく。
りんごは芯を除いてごく薄切りにし、
レモン汁少々（分量外）をかける。
オーブンは200度に予熱する。

### How to

**1 パイシートを焼く**

パイシートをめん棒で20cm四方にのばし、フォークでまんべんなく刺して穴をあける。卵黄を塗って200度のオーブンで5〜6分焼く。

**2 りんごを並べる**

1をとり出し、ふくらんでいる部分をスプーンの背でつぶす。三温糖の半量を全体に振り、りんごを少し重ねながら並べる。

**3 焼く**

天板にクッキングシートを敷いて2をのせ、バターを散らして残りの三温糖を振り、シナモンを振って190度のオーブンで20〜30分焼く。器に盛り、好みでバニラアイスクリームをのせる。

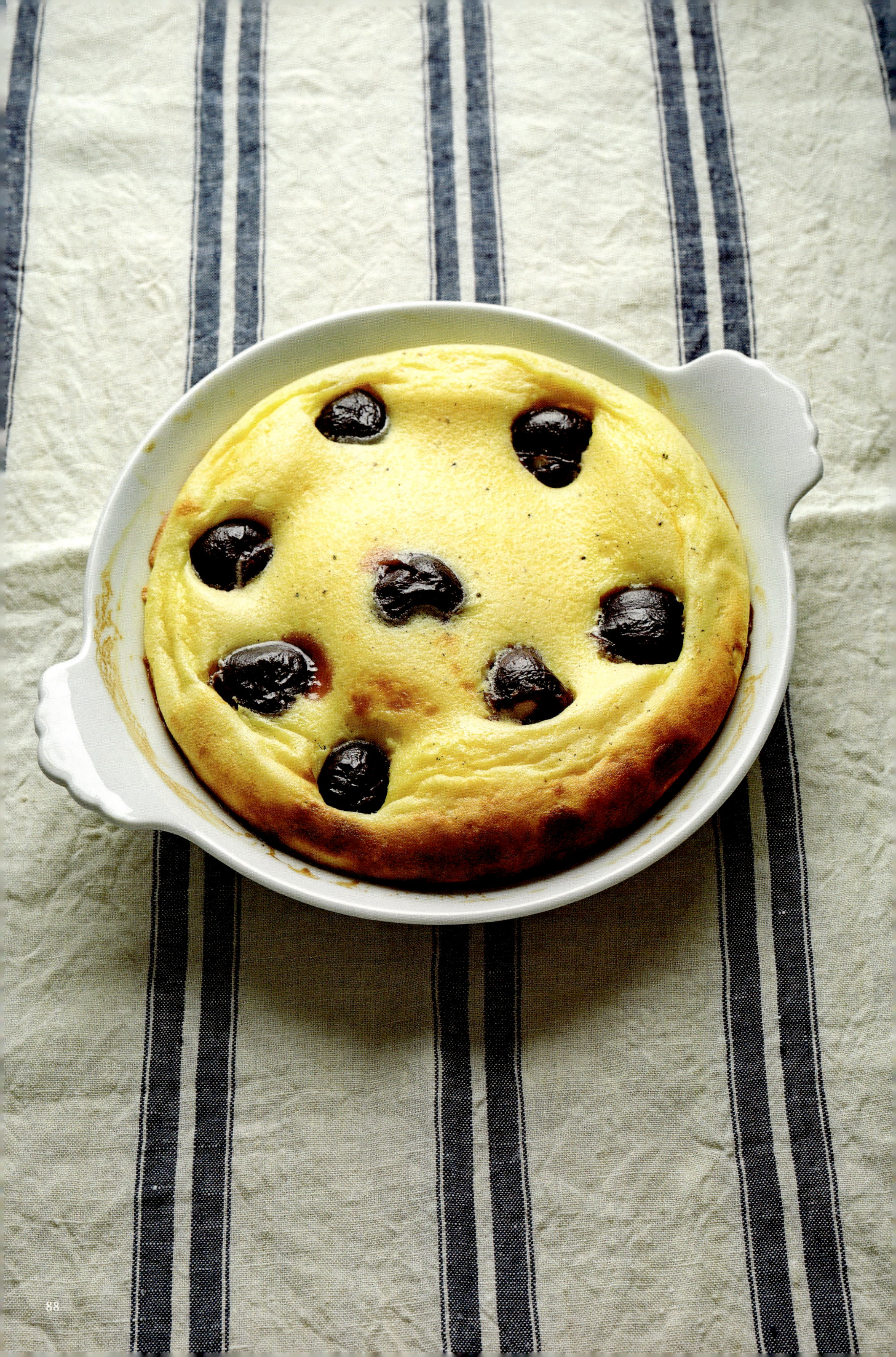

Part 4 こんがりスイーツ

## チェリーのクラフティ

200度で **20** min. + 180度で **10** min.

ふわふわの生地に、チェリーの甘ずっぱさがしみ込みます。
表面にさくっとスプーンを入れる瞬間が、なんともしあわせ！

**材料 [直径16cmの容器 2個分]**

ダークチェリー（缶詰）…… 16粒
小麦粉 …… 30g
グラニュー糖 …… 60g
卵 …… 2個
生クリーム …… 1/4カップ
牛乳 …… 1カップ
キルシュ …… 大さじ2
バニラビーンズ …… 1/2本

**準備** 卵はときほぐす。バニラビーンズは縦に切り込みを入れ、中の種を包丁でかき出す。オーブンは200度に予熱する。

**Point!!**
バニラビーンズは包丁で縦に切り込みを入れ、刃先で種をしごき出すようにとる。

**How to**

**1 チェリーを並べる**
耐熱容器にバター（食塩不使用・分量外）を薄く塗り、チェリーを並べる。

**2 卵液を作る**
ボウルに小麦粉とグラニュー糖をまぜ、卵、生クリーム、牛乳を順に加えまぜる。キルシュとバニラビーンズを加えてまぜ、1に流す。

**3 焼く**
200度のオーブンで20分、180度に下げて10分ほど、表面がきつね色になるまで焼く。

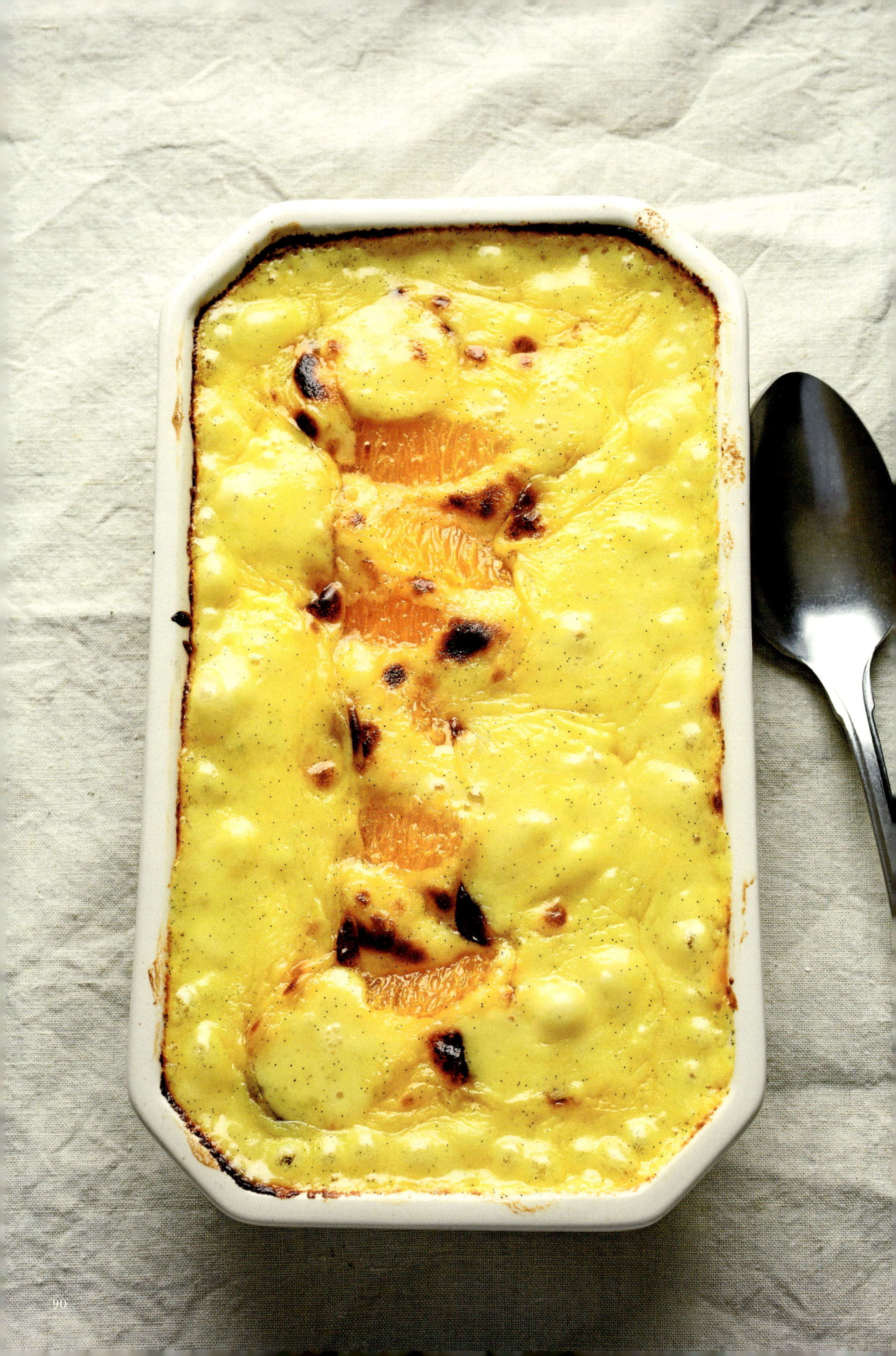

# オレンジの
# カスタードグラタン

**230度で 10 min.**

オーブンからとり出すと、甘ーい香りがふんわりと。
アツアツふるふるのカスタードがたまりません。

**材料**［18×13×3cmの容器1個分］
オレンジ …… 1個
A ┌ レンジカスタード（下記参照）…… 全量
　├ 生クリーム …… 1/2カップ
　└ キルシュ …… 大さじ1

**準備** オレンジは皮と薄皮を除いてくし形に切る。オーブンは230度に予熱する。

**How to**

1. **カスタードソースを作る**
　Aをまぜる。

2. **焼く**
　耐熱容器にバター（食塩不使用・分量外）を薄く塗ってオレンジを並べ、1を流す。230度のオーブンで10分ほど焼く。

Part 4 こんがりスイーツ

---

ハードルの高いカスタードも、
電子レンジなら簡単！

## レンジカスタード

**材料**［1回分］
小麦粉 …… 大さじ2
バニラビーンズ …… 1/4本
A ┌ 卵黄 …… 2個分
　└ 砂糖 …… 50g
牛乳 …… 1カップ
B ┌ キルシュ …… 小さじ1
　└ バター（食塩不使用）…… 大さじ1

1. 小麦粉はふるう。バニラビーンズはさやから種をかき出す（p.89参照）。

2. 耐熱ボウルにAを入れ、泡立て器で白くなるまですりまぜる（ⓐ）。

3. 2に小麦粉をふるい入れて（ⓑ）さらにまぜ、牛乳を加えてそっとまぜ合わせる。

4. バニラビーンズも加えてまぜ（ⓒ）、ラップをせずに電子レンジで2分加熱する。一度とり出してよくまぜ、同様に2分加熱し、Bを加えてまぜる。

# ベイクドフルーツ

とろとろになったフルーツは濃厚な甘さと香り。
生クリームをかけて焼くだけで、ぐんとリッチなデザートに。

180度で **20** min.

**材料 [2人分]**
洋梨（缶詰・半割り）…… 4切れ
バナナ …… 2本
レーズン、ドライクランベリー …… 各大さじ2
A ┌ グラニュー糖 …… 大さじ3
　└ シナモンパウダー …… 適量
生クリーム …… 1カップ

**準備**
洋梨は2cm角、バナナは2cm幅に切る。
オーブンは180度に予熱する。

### How to

**1 フルーツに味をつける**

洋梨とバナナ、レーズン、ドライクランベリーはボウルに合わせ、Aをまぶして10分おく。

**2 焼く**

耐熱容器にバター（食塩不使用・分量外）を薄く塗り、1を入れて生クリームをかける。好みでパン粉とシナモンパウダーをかけて、180度で20分ほど焼く。

# ブルーベリーのスイートピザ

250〜280度で **10** min.

ブルーベリーをぎっしりのせて焼く、デザートピザ。
黒糖でコクを、仕上げのラム酒で香りよく。

**材料**［直径15cm×2枚分］
ピザクラフト …… 2枚
ブルーベリー …… 160g
バター …… 大さじ1
黒糖 …… 大さじ4
ラム酒 …… 少々

**準備**
オーブンは250〜280度に予熱する。

**How to**

**1 ピザを作る**
ピザクラフトにバターを塗り、ブルーベリーをのせて黒糖を振る。

**2 焼く**
天板にクッキングシートを敷いて1をのせ、250〜280度のオーブンで10分ほど焼く。ラム酒をかける。

Part 4 こんがりスイーツ

# こんがり時間別！Index

※こんがり時間はオーブンまたはオーブントースターに入れてからの焼き時間の目安です。
材料を切る、下味をつける、つけ込むなどの時間は入っていません。

## ~10 min. 10分以内

マッシュルームの香り焼き（10min）―― 15
たこと長いもの辛みパン粉焼き（7〜8min）―― 30
めかじきとミニトマトのハニーマスタードグリル（6.5min）―― 32
ほたてとピクルスのタルタル焼き（10min）―― 33
ソーセージとレンズ豆のトマトソース焼き（10min）―― 36
アスパラと卵のマヨネーズ焼き（10min）―― 38
殻ごとえびのくるみバター焼き（5〜7min）―― 41
マッシュポテトのクランブル とろとろエッグのせ（10min）―― 43
プルーンの生ハム巻き焼き（5min）―― 44
オイルサーディンとししとうのラー油焼き（10min）―― 44
ブルーチーズもち（7〜8min）―― 44
たらとじゃがいものパセリクリームグラタン（8min）―― 58
えびドリア（10min）―― 61
ひき肉とひよこ豆のさっぱりドリア（10min）―― 62
フラメンカエッグ（10min）―― 79
白桃のマスカルポーネチーズ焼き（10min）―― 86
オレンジのカスタードグラタン（10min）―― 90
ブルーベリーのスイートピザ（10min）―― 93

## ~15 min. 15分以内

かぶのマスタードパン粉焼き（15min）―― 11
ねぎとエリンギのジェノバマヨ焼き（15min）―― 16
アボカドのはちみつヨーグルト焼き（15min）―― 17
ねぎの豚バラ巻き焼き（15min）―― 23
かぼちゃと牛カルビのコチュジャンマリネ（15min）―― 24
チキンライム アフリカ風（15min）―― 27
いわしとトマトのハーブ焼き（15min）―― 28
サーモンと玉ねぎのクリーム焼き ディル風味（12〜15min）―― 31
さばとたけのこのジェノバソース焼き（15min）―― 35
オニオングラタンスープ（15min）―― 42
えびとかぶのトマトクリームグラタン（15min）―― 50
カリフラワーのクリームグラタン（15min）―― 51
マッシュポテトとミートソースの重ね焼き（15min）―― 53
ビーフシチュー風グラタン（15min）―― 54
ソーセージとほくほく野菜のヨーグルトクリームグラタン（15min）―― 56
里いもの酒かすグラタン（15min）―― 59
ラムチョップの粒マスタード焼き ミントソース（10〜15min）―― 80

## ~20 min.

### 20分以内

なすとトマトのチーズ焼き（20min）── 8
ズッキーニのレモンバター焼き（20min）── 14
カリフラワーのクミンチーズ焼き（15〜20min）── 19
塩豚とにんにくのロースト（20min）── 20
手羽中のはちみつマリネとオレンジの重ね焼き（20min）── 39
豚肉のいちじくロール焼き（20min）── 40
じゃがいもとアンチョビーのグラタン（20min）── 46
なつかしマカロニグラタン（20min）── 48
ハムとほうれんそう、卵のリッチクリームグラタン（20min）── 52
いわしとエンダイブのオーブン焼き（20min）── 71
ベイクドフルーツ（20min）── 92

## ~30 min.

### 30分以内

オーブンポテト まいたけ添え（25〜30min）── 10
長いもとにんにくのロースト ローズマリー風味（30min）── 12
れんこんとわけぎのホワイトソース焼き こんがりみそ風味（30min）── 18
タンドリーチキン ピーマン添え（25min）── 22
鶏肉のプチ塩釜焼き（25〜30min）── 25
パプリカの肉詰めボート焼き（20〜30min）── 26
いかのブロッコリー詰め焼き（20〜30min）── 34
マロンミートローフ フレッシュトマトソース添え（20〜25min）── 66
手羽元といろいろ野菜のロースト（20〜25min）── 68
カラフル野菜の重ね焼き（25min）── 72
鶏肉とプルーンの赤ワイン焼き（30min）── 73
たいの海藻焼き パプリカのせ（30min）── 76
ムサカ（25min）── 78
スペアリブのはちみつしょうゆグリル（30min）── 81
焼きりんごのクランブル（30min）── 84
チェリーのクラフティ（30min）── 88

## ~40 min.

### 40分以内

まるごと玉ねぎのロースト おかかクリームのせ（40min）── 13
キッシュ風グラタン（30〜40min）── 60
焼きロールキャベツ（40min）── 74
薄焼きアップルパイ（25〜36min）── 87

## ~65 min.

### 65分以上

焼きいものブルーチーズのせ（65min）── 17
ローストポーク（60min）── 70

### 著者 — 堤 人美
つつみ・ひとみ 

出版社勤務のあと、料理家のアシスタントをへて独立。雑誌やテレビの料理番組、CMの料理制作、企業のレシピ開発など多方面で、スタイリングやフードコーディネートで活躍。著書に『材料入れてコトコト煮込むだけレシピ』『バル・デリ・和つまみレシピ』（ともに主婦の友社）、『まいにちのマリネレシピ』（マイナビ）ほか。

### Staff
撮影 ——— 鈴木泰介
スタイリング ——— 諸橋昌子
デザイン ——— 細山田光宣＋奥山志乃（細山田デザイン事務所）
料理アシスタント ——— 植田有香子、中村弘子
撮影協力 ——— UTUWA
構成・文 ——— 松原陽子
編集担当 ——— 佐々木めぐみ（主婦の友社）

---

## 材料ならべてこんがり焼くだけレシピ

著者 ——— 堤 人美
発行者 ——— 荻野善之
発行所 ——— 株式会社主婦の友社
　　　　　　〒101-8911
　　　　　　東京都千代田区神田駿河台2-9
　　　　　　電話　03-5280-7537（編集）
　　　　　　　　　03-5280-7551（販売）
印刷所 ——— 大日本印刷株式会社

■乱丁本、落丁本はおとりかえします。お買い求めの書店か、主婦の友社資材刊行課（電話03-5280-7590）にご連絡ください。
■内容に関するお問い合わせは、主婦の友社（電話03-5280-7537）まで。
■主婦の友社が発行する書籍・ムックのご注文、雑誌の定期購読のお申し込みは、お近くの書店か主婦の友社コールセンター（電話0120-916-892）まで。
＊お問い合わせ受付時間　月〜金（祝日を除く）　9:30〜17:30

主婦の友社ホームページ　http://www.shufunotomo.co.jp/

©Hitomi Tsutsumi 2014 Printed in Japan ISBN978-4-07-297371-4

R〈日本複製権センター委託出版物〉
本書を無断で複写複製（電子化を含む）することは、著作権法上の例外を除き、禁じられています。本書をコピーされる場合は、事前に公益社団法人日本複製権センター（JRRC）の許諾を受けてください。
また本書を代行業者等の第三者に依頼してスキャンやデジタル化することは、たとえ個人や家庭内での利用であっても一切認められておりません。
JRRC〈http://www.jrrc.or.jp
eメール：jrrc_info@jrrc.or.jp　電話：03-3401-2382〉

せ-103101